Vicente Frisullo

Discípulos catequistas

Paulinas

Encontrar as palavras para lhes falar de ti,
dar um rosto à tua voz.
Encontrar as palavras para lhe dizer a minha fé,
cantar a vida que está em mim.
Eu sou pobre e não poderei falar.
Dá-me a alegria de te anunciar, de servir-te na verdade.
Segurar a mão dos que te buscam na noite,
guiar seus passos para a luz.
Dá-me o Espírito, o Espírito que é vida
e nossa força, hoje.
Dizer os gestos que falam mais que as palavras,
gestos de amor e de partilha.
Dá-me a esperança, a coragem de que preciso
para construir um mundo melhor.

(Robert Levigne de Cadet

Hino dos catequistas de Béarn, 1991.)

Dados Internacionais de Catalogação na Publicação (CIP)
(Câmara Brasileira do Livro, SP, Brasil)

Frisullo, Vicente
 Discípulos catequistas / Vicente Frisullo. – São Paulo : Paulinas, 2011. –
(Coleção pedagogia da fé)

Bibliografia.
ISBN 978-85-356-2929-3

1. Catequese - Igreja Católica - Metodologia   2. Catequistas - Educação
3. Dinâmica de grupo   I. Título.   II. Série.

11-11356   CDD-268.6

Índice para catálogo sistemático:
1. Catequese : Didática : Metodologia : Instrução religiosa   268.6

1ª edição – 2011
4ª reimpressão – 2025

Direção-geral: *Bernadete Boff*
Editores responsáveis: *Vera Ivanise Bombonatto e
Antonio Francisco Lelo*
Copidesque: *Mônica Elaine G. S. da Costa*
Coordenação de revisão: *Marina Mendonça*
Revisão: *Ruth Mitzuie Kluska e Ana Cecilia Mari*
Gerente de produção: *Felício Calegaro Neto*
Projeto gráfico: *Wilson Teodoro Garcia*

---

*Nenhuma parte desta obra poderá ser reproduzida ou
transmitida por qualquer forma e/ou quaisquer meios
(eletrônico ou mecânico, incluindo fotocópia e gravação)
ou arquivada em qualquer sistema ou banco de dados
sem permissão escrita da Editora. Direitos reservados.*

Cadastre-se e receba nossas informações
paulinas.com.br
Telemarketing e SAC: 0800-7010081

Paulinas
Rua Dona Inácia Uchoa, 62
04110-020 – São Paulo – SP (Brasil)
📞 (11) 2125-3500
✉ editora@paulinas.com.br
© Pia Sociedade Filhas de São Paulo – São Paulo, 2011

Sumário

ABREVIATURAS 7

INTRODUÇÃO 9

CAPÍTULO 1
O QUE JESUS QUER DA SUA IGREJA 13

A resposta da Igreja aos desafios atuais 14

A vontade de Jesus sobre a sua Igreja 15

A centralidade da missão na ação evangelizadora .. 18

CAPÍTULO 2
A CATEQUESE NO CONJUNTO DA AÇÃO EVANGELIZADORA 21

A catequese no contexto da evangelização 22

A ação catequética 24

CAPÍTULO 3
CATEQUESE PARA O DISCIPULADO 27

Quem é o discípulo? 28

Como nasce e como se caracteriza
o discípulo de Jesus 31

Sinais que identificam o discípulo
de Jesus Cristo 33

Capítulo 4
A VOCAÇÃO E MISSÃO DO CATEQUISTA 39

A pessoa do catequista 41
O primado do "ser" sobre o "fazer" do catequista 43
O educador da fé 44

Capítulo 5
A ESPIRITUALIDADE DO CATEQUISTA 47

A espiritualidade cristã 48
A espiritualidade do catequista 49
Dimensões da espiritualidade do catequista 50

Capítulo 6
A FORMAÇÃO DO CATEQUISTA 59

A preocupação da Igreja com a formação dos
catequistas 61
Alguns aspectos importantes da formação do
catequista 62
O papel do pároco no processo de formação do
catequista 66
Identidade do catequista 74
A alegria de ser catequista 78

Capítulo 7
A PASTORAL CATEQUÉTICA PAROQUIAL 83

Os efeitos esperados da catequese
na vida do cristão 84
Como organizar a catequese na paróquia 86
BIBLIOGRAFIA 93

Abreviaturas

AG – *Ad Gentes*

CCL – *Corpus Christianorum Latinorum*

CD – *Christus Dominus*

CEI – Conferenza Episcopale Italiana

CELAM – Conselho Episcopal Latino-Americano

CIC – Catecismo da Igreja Católica

CR – Catequese Renovada

CT – *Catechesi Tradendae* (Catequese hoje)

DAp – Documento de Aparecida

DI – Discurso Inaugural da V Assembleia do Celam

DGC – Diretório Geral para a Catequese

DNC – Diretório Nacional de Catequese

DV – *Dei Verbum*

EN – *Evangelii Nuntiandi*

GE – *Gravissimum Educationie*

LG – *Lumen Gentium*

NMI – *Novo Millennio Ineunte*

PL – Patrologia Latina

PO – *Presbiterorum Ordinis*

TMA – *Tertio Millennio Adveniente*

Introdução

"A catequese foi sempre considerada pela Igreja como uma das tarefas primordiais, porque Cristo ressuscitado, antes de voltar para junto do Pai, deu aos discípulos uma última ordem: 'Ide, e fazei discípulos entre todas as nações' (Mt 28,19). Isso levou a Igreja, ao longo de toda a sua história, a empreender uma série de iniciativas, e, bem depressa, 'se começou a chamar catequese ao conjunto dos esforços envidados na Igreja para fazer discípulos'."[1]

Nessa tarefa fundamental da Igreja de fazer discípulos, a catequese no Brasil vem assumindo atitudes concretas que têm levado a novas práticas na ação evangelizadora. A insistência na formação doutrinal e pedagógica dos catequistas, na sua espiritualidade como educadores da fé e testemunhas do encontro com o Cristo – passo fundamental para se tornar discípulo –, tem aberto para a catequese caminhos promissores.

Entre os esforços destes últimos anos, o documento *Catequese Renovada* (CR) tem tido uma importância sem par,

---

[1] Exortação apostólica *Catequese hoje* (*Catechesi Tradendae*). 1. ed. São Paulo: Paulinas, 1980. Este importante documento é o resultado do Sínodo dos Bispos sobre a catequese, que foi realizado em Roma no mês de outubro de 1977.

sobretudo ao compreender a catequese como "processo de iniciação à vida de fé". Trata-se de um deslocamento de uma "catequese simplesmente doutrinal para um modelo mais experiencial, e da catequese das crianças para a catequese com adultos".[2]

No documento *Catequese hoje*, o Papa João Paulo II, depois de afirmar que a catequese é "uma experiência tão antiga quanto a Igreja",[3] lembra que a Igreja "é convidada a consagrar à catequese os seus melhores recursos de pessoal e de energia, sem poupar esforços, trabalhos e meios materiais".[4]

Essa insistência sobre a importância da catequese explica-se pelo fato de que nela a Igreja "encontra um meio para a consolidação da sua vida interna de comunidades de fiéis, bem como da sua atividade externa enquanto missionária".[5] Quando se pensa que a Igreja, por sua natureza, é missionária, compreende-se ainda mais a necessidade da catequese como educação da fé daqueles que serão os anunciadores, os missionários, as testemunhas de Jesus Cristo.

Ultimamente, os bispos do estado de São Paulo têm tido coragem de confessar que "existem necessidades religiosas que não estão recebendo respostas adequadas por parte da ação evangelizadora e pastoral... por isso é preciso descobrir nossos limites"[6] e partir para projetos de ação catequético--evangelizadora mais consistentes. Deve haver algo mais profundo, que exija mudança no essencial: *o anúncio de Jesus e da sua Igreja.*

Conforta-nos, nesse sentido, o pronunciamento do Papa Bento XVI no seu encontro com os bispos na Catedral de São Paulo, por ocasião da Conferência de Aparecida. A propósito dos problemas que afligem a solicitude pastoral dos bispos, o Papa lembra "a questão dos católicos que

---

[2]   *Diretório Nacional de Catequese*. Doc. CNBB 84, n. 13.

[3]   CT, título do 2º Capítulo.

[4]   Ibid., n. 16.

[5]   Ibid.

[6]   CNBB Sul 1. *Projeto de Ação Missionária Permanente* – PAMP, São Paulo, n. 2, 2004.

abandonam a vida eclesial" e afirma: "Parece claro que a causa principal, dentre outras... possa ser atribuída à falta de uma evangelização em que Cristo e a sua Igreja estejam no centro de toda explanação".[7] Eis aqui uma das respostas: falta a dimensão cristocêntrica e eclesiológica em nossa catequese e na ação pastoral. Esta preocupação deve ser a mais importante.

Mesmo reconhecendo a gravidade do êxodo das nossas igrejas, a questão central é saber se nossa catequese e nossa ação pastoral, em seu conjunto, são capazes de oferecer ocasiões de encontro com Jesus Cristo e suscitar discípulos. Devemos acolher com determinação o apelo da 1Pd 3,15: "Estar sempre pronto a dar razão da esperança a todos aqueles que a pedem".

A fé não vem mais da família e da tradição; cada um escolhe a sua religião de acordo com os seus interesses. O mercado religioso apresenta todo tipo de opção, segundo os gostos e a necessidade de cada um.

Neste trabalho queremos dar algumas dicas para uma catequese que nos faça sentir a alegre esperança de que é possível formar catequistas capazes de suscitar discípulos de Jesus. O Documento da V Conferência Geral do Episcopado Latino-Americano e do Caribe nos anima neste sentido.

No primeiro capítulo refletiremos sobre "O que Jesus quer da sua Igreja", focalizando a missão da Igreja na intenção de Jesus. Partiremos, evidentemente, do próprio Evangelho, onde são guardadas e transmitidas as palavras de Jesus.

Nos capítulos seguintes voltaremos a atenção para a catequese e seus protagonistas, começando a considerar "A catequese no conjunto da ação evangelizadora", no segundo capítulo.

No terceiro capítulo vamos pensar "A catequese para o discipulado", elemento indispensável a ser levado em conta no ministério da catequese e em qualquer ação pastoral.

---

[7] BENTO XVI. Discurso aos Bispos na Catedral da Sé. *Palavras do Papa Bento XVI no Brasil.* São Paulo: Paulinas, 2007. p. 48.

No quarto capítulo, examinaremos "A vocação e missão do catequista", acentuando, sobretudo, o "ser" do catequista.

Um elemento fundamental da ação catequética é "A espiritualidade do catequista", compreendida, no quinto capítulo, na dimensão do "ser" do catequista; no capítulo sexto, completa-se esta consideração sobre "A formação do catequista". Para finalizar, com o sétimo capítulo, trataremos da "Pastoral catequética paroquial", com os diversos protagonistas que nela entram em ação.

1
O que Jesus quer da sua Igreja

A ação e a missão do catequista se inserem, necessariamente, no conjunto da ação evangelizadora da Igreja; por isso é de fundamental importância ter presente e conhecer a fundo a natureza da Igreja e da sua missão, assim como Jesus a pensou, para que continuasse a sua ação salvadora na história e fosse um sinal visível e eficaz desta sua vontade. A ação catequética é uma ação eminentemente eclesial, da Igreja. Então, o que Jesus quer da sua Igreja e como a catequese se insere nesta missão que Jesus imaginou e confiou a ela?

Diante do desafio do pluralismo e do individualismo religioso, que acentua o relativismo religioso, acelerado pelo fenômeno da globalização, não são poucos os que se sentem perdidos e impotentes, ou os que acham que é preciso percorrer o caminho de outras denominações cristãs, cujos métodos de "evangelização" – baseados na teologia da prosperidade que anuncia "bem-estar" mais do que salvação – têm garantido certo "sucesso".

Um olhar mais atento nos revela que, nestes últimos anos, a Igreja na América Latina e no Brasil vem dando passos significativos na ação evangelizadora e catequética. E nem todos estão percebendo este importante e "novo" caminho.

A resposta da Igreja aos desafios atuais

A Conferência Nacional dos Bispos do Brasil – CNBB, em seus projetos pastorais, frequentemente reconhece a "necessidade de um conhecimento melhor e pessoal de Jesus e de sua missão".[1] Igualmente, na XXV Assembleia das Igrejas Particulares do Regional Sul 1 do Estado de São Paulo, aprovou-se o Projeto de Ação Missionária Permanente – PAMP, destinado a inspirar à ação pastoral por vários anos. Na terceira parte do documento, dedicada à "Ação missionária", o eixo bíblico-catequético, cuja palavra-chave é o discipulado, ocupa lugar importante.

A Igreja na América Latina elaborou o Documento de participação para a V Assembleia Geral do Episcopado Latino-Americano e do Caribe, realizada em Aparecida, São Paulo, em 2007, com o título significativo de "Discípulos e missionários de Jesus Cristo, para que nele nossos povos tenham vida". O texto final desta Conferência tem como centro a pessoa e a mensagem de Jesus, Caminho, Verdade e Vida.[2] O encontro com Deus se dá seguindo Jesus, o revelador do Pai. O tema da V Conferência, pelo menos no Brasil, chegou na hora certa, para enveredar pelo caminho de uma evangelização correta.

Para enfrentar estes novos desafios, o *Documento de Aparecida* apela, mais de uma vez, para a necessidade de uma "conversão" que leve a "uma ação pastoral orgânica renovada e vigorosa",[3] a qual somente ocorrerá com "uma ação renovadora das paróquias", a fim de que sejam de ver-

---

[1] CNBB. *Projeto Nacional de Evangelização (2004-2007)*: "Queremos ver Jesus" – Caminho, Verdade e Vida. Doc. 72. Introdução. São Paulo: Paulinas. Para uma leitura mais simples, mas exaustiva, deste fenômeno, ver: O fenômeno religioso e o homem urbano. *Projeto de Ação Missionária Permanente* – PAMP, do Conselho Episcopal Regional Sul 1, pp. 6-12.

[2] CELAM. *Documento de Aparecida*. Texto conclusivo da V Conferência Geral do Episcopado Latino-Americano e do Caribe.

[3] DAp, n. 169.

dade "espaços da iniciação cristã, da educação e celebração da fé", o que exige "a reformulação de suas estruturas".[4]

O texto-base para o Ano Catequético Nacional de 2009, que trouxe como tema: "Catequese, caminho para o discipulado", aponta para a dimensão da experiência do encontro com Jesus, no caminho, na Palavra e na Eucaristia;[5] processo indispensável para uma catequese catecumenal e mistagógica.

A vontade de Jesus sobre a sua Igreja

Discípulos de Jesus Cristo: eis a questão! O que Jesus quer da sua Igreja é que faça discípulos.

Entre os vários textos que manifestam a vontade de Jesus sobre a sua Igreja, o mais claro me parece Mt 28,19-20: "Então Jesus se aproximou, e falou: 'Foi-me dada toda autoridade no céu e na terra. Ide, pois, fazer discípulos entre todas as nações, e batizai-os em nome do Pai, do Filho e do Espírito Santo. Ensinai-lhes a observar tudo o que vos tenho ordenado. Eis que estou convosco todos os dias, até o fim dos tempos'".

Vamos entender melhor o alcance que esta passagem tem para a missão da Igreja. Tudo isso vai nos ajudar a compreender também a missão do catequista dentro da missão e da ação evangelizadora da Igreja.

Neste trecho de Mateus, a missão dos doze Apóstolos é sintetizada num verbo fundamental, em grego *mateteúsate*, "fazei discípulos", explicitado por dois particípios *baptizontes* e *didascontes*, "batizando" e "ensinando".

Vejam como, na estrutura lógica da frase, a atenção recai sobre "fazer discípulos" (*mateteúsate*); "batizar" (*baptizontes*) e "ensinar" (*didascontes*), que são consequência da ação de fazer discípulos e supõem uma "adesão pessoal" (*sequela Christi* = seguimento), *direta* (do catecúmeno) ou

---

[4] DAp, nn. 170 e 172.

[5] CNBB. *Catequese, caminho para o discipulado.* Ano Catequético Nacional, texto-base, 2009.

indireta (pela profissão dos pais, tratando-se de criança). A missão dos discípulos é levar as pessoas ao seguimento de Jesus, não tanto à aceitação de uma doutrina, mas à adesão pessoal e total a ele.

A ação dos discípulos missionários (enviados) deve seguir o método de Jesus: chamados a segui-lo, são instruídos por ele e ligados à sua missão. A via concreta para se tornar discípulo é o batismo e o anúncio do Evangelho (Mt 10,8). E o envio: "Ide fazer discípulos" quer sinalizar a relação entre Jesus e a ação da Igreja e constitui a chave de leitura do Evangelho de Mateus. Com efeito, parece que todo o episódio quer ser um relato de vocação centrado na proclamação de Jesus, o Messias, e na missão confiada aos discípulos (Igreja), sublinhando a estrita relação entre Jesus e seus enviados.

Mateus relaciona o fato de Jesus ressuscitado receber do Pai "toda autoridade" no céu e na terra com o envio dos apóstolos para que façam discípulos "entre todas as nações". Assim como o reino de Jesus ressuscitado não é somente a Palestina, mas todo o universo, também a ação dos discípulos (Igreja) deve chegar a todos os povos, literalmente: a todas as nações.

É importante notar que, diferentemente dos outros mestres, é Jesus quem escolhe os discípulos, e não os discípulos que escolhem o mestre Jesus. Aliás, é interessante observar como nos evangelhos Jesus chama sem dar explicações: "Segue-me!". E, surpreendentemente, os chamados o seguem, também sem pedir explicações e sem fazer perguntas;[6] o poder da palavra de Jesus se manifesta por estas transformações instantâneas do coração das pessoas, que respondem imediatamente e sem hesitação. Parece que nada espanta o chamado, pois, como nos lembra a Carta aos Filipenses, é o chamado de Jesus a realizar o essencial, e a sua graça opera não somente sobre a vontade, mas também na execução (cf. Fl 2,13).

---

[6] Mt 9,9; Mc 1,18; 2,14; Lc 5,11.28; Jo 1,43.

Nos relatos das vocações, mais do que informar sobre as condições do chamado dos discípulos, os evangelistas querem mostrar, através do exemplo dos apóstolos, qual deve ser a nossa atitude e a nossa disponibilidade diante do chamado de Jesus. Os apóstolos que abandonam as redes, como os chamados de todos os tempos, devem expressar sua completa disponibilidade, que, nos evangelhos, é apresentada como progressiva renúncia de tudo para fazer comunhão de vida e de missão com o Mestre. Marcos explicita de forma clara este procedimento de Jesus: "Jesus subiu à montanha e chamou os que ele quis; e foram a ele. Ele constituiu, então, o grupo dos doze, para que ficassem com ele (discípulos) e para que os enviassem (apóstolos) a anunciar a Boa-Nova" (3,13-14). Com a expressão: "constituiu o grupo dos doze", o evangelista Marcos quer afirmar que Jesus lhes deu identidade para que herdassem sua missão; quis preparar uma comunidade para prosseguir sua missão.

A finalidade da missão é clara: *fazer discípulos*. Todos os povos devem se tornar discípulos. Os Apóstolos viveram com Jesus e partilharam o destino dele. Agora, a missão deles consiste em fazer com que todos vivam a experiência que viveram: "De graça recebestes, de graça deveis dar!" (Mt 10,8), e nisto eles podem contar com a presença de Jesus: "Eis que estou convosco todos os dias, até o fim dos tempos" (Mt 28,20).

Fazer discípulos é um tema fundamental no Evangelho de Mateus, tanto que "o mandato para a missão no final do Evangelho funciona como uma espécie de chave para toda a narração",[7] de modo que Mateus concebe a missão em termos de discipulado.

Por que tanta insistência sobre ser discípulos, sobre adesão pessoal a Jesus? Porque a Igreja, mais que uma organização, é um "organismo"; quer dizer, ela nasce de uma relação interpessoal com Cristo, e vive e se sustenta somen-

---

[7] CASTANHO FONSECA, Adolfo Maria. *Discipulado e missão no Evangelho de Mateus*. São Paulo: Paulinas/Paulus, 2007. p. 126. (Coleção Quinta Conferência). Embora o verbo "fazer discípulos" apareça três vezes em Mateus, o substantivo "discípulo" aparece 73 vezes.

te por esta relação vital com ele. Daí a importância da catequese enquanto educação da fé que confirma e faz crescer a adesão à pessoa e à mensagem de Jesus. Só uma Igreja de discípulos tem sentido. É essa a Igreja que Jesus quis e foi por isso que lhe comunicou o Espírito Santo.

A generalização do batismo de crianças nos fez perder de vista esta primeira finalidade da evangelização, tornando a catequese "refém" da simples recepção dos sacramentos, perdendo assim sua função mistagógica, de introdução aos sacramentos. Claro que a Igreja nunca renunciou à necessidade de uma catequese evangelizadora, tanto é verdade que no Rito do Batismo permaneceu o compromisso explícito dos pais e padrinhos de educar os filhos e afilhados "na Lei de Cristo e da Igreja",[8] e isso independentemente dos chamados "cursos de batismo"! Esta mesma exigência é lembrada aos noivos na terceira pergunta do Ritual do Matrimônio.[9] Isso faz dos pais os primeiros catequistas de seus filhos, cuja missão na educação da fé não é diferente daquela da Igreja: *fazer discípulos*.

A centralidade da missão na ação evangelizadora

Para indicar a prioridade de "fazer discípulos" sobre as outras atividades, podemos lembrar uma passagem significativa de São Paulo. Diante da divisão que reinava na comunidade de Corinto, onde cada um se gloriava por ter sido batizado por Pedro, Paulo, Apolo, o apóstolo faz questão de afirmar: "Dou graças a Deus por não ter batizado nenhum de vós" (1Cor 1,14) e, surpreendentemente, afirma: "De fato, Cristo não me enviou para batizar, mas para anunciar o Evangelho" (1Cor 1,17). Isso deixa claro que o batismo consagra a adesão já feita (ser discípulo) a Jesus; indica e marca a obra de Deus no homem e conclui o processo de conversão iniciado com a adesão a Jesus Cristo.

---

[8]   SAGRADA CONGREGAÇÃO PARA O CULTO DIVINO. *Ritual do Batismo de Criança*, n. 40.

[9]   Id. *Ritual do Matrimônio*, n. 94.

A nossa ação pastoral deve ser conduzida e iluminada por esta vontade-missão que Jesus confiou à Igreja: *fazer discípulos*. Na maioria das vezes, a nossa pastoral sacramental se apresenta decapitada: falta-lhe continuidade que leva o batizado a se tornar discípulo. Fazemos batizados, crismados, comungantes, casados, mas não discípulos.

Um detalhe interessante e preocupante que tem chamado a atenção é que, quando um católico nos deixa, declara com ênfase que "encontrou Jesus" e "descobriu a Palavra". Hora, não é esta a preocupação que acompanha toda a nossa ação pastoral? Por que não conseguimos suscitar essa paixão por Jesus e pela sua palavra? A nossa catequese não fala de Jesus? A nossa catequese não é bíblica? Em quantas comunidades a Bíblia não é o instrumental privilegiado de seu trabalho pastoral? O que falta?

É preciso *fazer discípulos*, gente apaixonada por Jesus; gente que aposta nele, fazendo, por sua vez, outros discípulos: discípulos e missionários! Nisto está a novidade e a urgência da evangelização e da catequese, aliás, de toda ação pastoral.

Mas o discípulo é consequência de um encontro: o encontro com a pessoa viva de Jesus. A catequese, assim como toda ação da Igreja, deve oferecer oportunidades para se realizar este encontro.

É importante notar também que os Apóstolos não são mais enviados de dois em dois; agora o trabalho é comunitário e visa à formação da comunidade dos discípulos que aprendem a viver como Jesus viveu. A Igreja é essencialmente missionária; a sua razão de ser é *fazer discípulos*. E esta é a única missão confiada pelo Ressuscitado.

Ainda hoje, não raramente, a catequese é concebida quase exclusivamente em vista dos sacramentos – e estes como finalização da catequese –, sem muita preocupação em suscitar a adesão à pessoa e à mensagem de Jesus Cristo. E não é de admirar se isso levar a uma folclorização dos sacramentos. Justamente porque não vivemos em tempos de cristandade, é necessária uma evangelização explícita, centrada na pessoa de Jesus Cristo, capaz de provocar uma generosa adesão a ele e à sua Igreja. Isso exige uma nova visão de catequese.

Em vista da recepção dos sacramentos, a catequese deve ser pensada como *catecumenato*, quer dizer, como um processo feito de etapas coerentes e ligadas entre si; processo de tipo iniciático e mistagógico, isto é, em perspectiva pós-sacramental, que leve à maturidade da fé.

As paróquias devem insistir na eficácia e na qualidade da catequese, que parta de uma "fervorosa solicitude para com cada pessoa",[10] a fim de que, interpelada, possa dar sua adesão a Jesus Cristo, tornando-se discípula dele: "Ide, pois, fazer discípulos entre todas as nações".

---

[10] FOSSION, André. Reconstruindo a catequese em tempos de crise. *Revista de Catequese*, ano 29, n. 115, p. 26, jul./set. 2006.

2
A catequese no conjunto da ação evangelizadora

A ação catequética é eminentemente eclesial. Isso significa que ela pertence à Igreja como um todo, e dela nasce o ministério do catequista para o serviço da evangelização. A missão da Igreja é *fazer discípulos*, para que, seguindo Jesus, apreendamos o caminho que nos leva ao Pai. A catequese é uma parte importante de um todo maior que é o anúncio do Evangelho para fazer discípulos.

A Igreja realiza isso através da catequese, e a missão do catequista, como membro da Igreja, é colaborar para que seja cumprida a ordem de Jesus: "Fazei discípulos" (Mt 28,19). Tudo aquilo que a Igreja faz – evangelização, catequese, liturgia, sacramentos – tem esta finalidade.

Fazer discípulo é uma necessidade para a Igreja, pois ela se constitui como *comunidade de discípulos*. É dessa necessidade que nascem os ministérios, os serviços que os batizados são chamados a realizar. Para cada necessidade surge um ministério, quer dizer, uma resposta que o Espírito Santo suscita dentro da Igreja, para que ela possa responder à missão que o Senhor lhe confiou.

O trabalho de evangelização, então, exige diversos ministérios e serviços, porque diferentes são as etapas de uma evangelização completa que leve o batizado à maturidade da fé, para que seja um discípulo perfeito, "preparado para toda obra boa" (2Tm 3,17).

A vocação catequética não é o primeiro chamado. É mais um passo na missão de testemunhar o seguimento a Jesus Cristo, assumindo um mistério específico, um serviço na evangelização dentro da comunidade, para o crescimento da fé da própria comunidade.

Quem é o chamado? Aquele que despertou para:

* *escutar* o que Deus tem a dizer;
* *sentir* da maneira que Deus sente;
* *ver* a necessidade da Igreja;
* *responder* assumindo a missão.

O catequista que despertou é aquele que educa os outros a despertarem para estas mesmas realidades na vida de fé.

A catequese no contexto da evangelização

A catequese não é um momento isolado e independente da ação evangelizadora da Igreja. Isso acontece quando ela é concebida exclusivamente em vista dos sacramentos. Daí a necessidade de uma pastoral de conjunto, tanto dentro dos diversos níveis da catequese (pré-catequese, catequese com crianças, jovens, adultos, especial) quanto do conjunto das pastorais. Vamos ver onde se situa a catequese no interior da ação da Igreja.

A missão da Igreja é, então, anunciar o Evangelho para fazer discípulos. Este ministério da evangelização tem três momentos:

a) *O primeiro anúncio*, o anúncio do essencial: o Pai, em seu amor, para salvar a humanidade, envia o seu Filho Jesus; Jesus assume a nossa condição de ser humano e desce no meio de nós; sofre, morre e ressuscita por nós e, para que a sua ação continue no mundo, envia à Igreja o Espírito Santo. Encontramos exemplos deste primeiro anúncio em: At 2,14-

36; 10,36-43; 13,16-41; 17,22-31, e o chamamos de querigma.

É missão de todo cristão, pelo sacramento do Batismo, anunciar Jesus Cristo, evangelizar.

b) Para ter um conhecimento pleno do dom da fé, que recebemos pelo anúncio do Evangelho, é necessário aprofundar o seu conteúdo: só amamos o que conhecemos. É aqui que entra a *catequese*, palavra que vem do grego *Kat-ekhein*, que significa: *fazer ecoar, repetir, ouvir de novo, fazer escutar, repercutir*. Catequese é fazer ecoar o primeiro anúncio, completar o anúncio da salvação, desenvolver o que aprendemos para podermos apreciar a grande riqueza que o Evangelho nos oferece. Este segundo momento, que chamamos de catequese, é imprescindível por dois motivos:

- para crescermos na fé, fazer-nos sentir a alegria da nossa fé, dar-nos convicções certas, firmar o ensinamento recebido;

- para nos tornar capacitados a anunciar aos outros o Evangelho, e assim cumprir o mandamento de Jesus: "Ide, pois, fazer discípulos meus entre todas as nações" (Mt 28,19); "Ide pelo mundo inteiro e anunciai a Boa-Nova a toda criatura!" (Mc 16,15).

Este trabalho de educação e crescimento da fé dos batizados é missão que o cristão – catequista – assume pelo sacramento da Confirmação.

A catequese, então, *segundo momento da evangelização*, visa ao crescimento na fé da própria comunidade cristã, para que, evangelizada, possa cumprir a missão de evangelizar. A catequese sempre supõe a evangelização. Em outras palavras: é tarefa da comunidade cristã cuidar da formação cristã dos seus membros; e só assim ela terá condições de anunciar a Palavra além das suas fronteiras (= missão). A catequese se apresenta, então, como um processo de educação da fé; sem o impulso da catequese, a Igreja não teria como fazer discípulos.

c) À catequese segue-se o *terceiro momento*, que chamamos de *ação pastoral*, através da formação continuada (permanente) que visa aprofundar o seguimento de Jesus (discipulado) e o compromisso missionário. Toda catequese que não conseguir desembocar nesta terceira fase é destinada ao fracasso, pois a fé precisa ser revigorada sempre, e ser capaz de dar razão da esperança que a anima (cf. 2Pd 3–15). A paróquia, então, é chamada a se renovar, pensando com seriedade o "pós-sacramento", saindo do consumismo religioso.

A ação catequética

"O ministério da catequese ocupa um lugar de relevo no conjunto dos ministérios da Igreja particular."[1] Sendo um *ministério*, é um ato essencialmente eclesial de extrema importância, pois "A Igreja se edifica a partir da pregação do Evangelho, da catequese e da liturgia, tendo como centro a celebração eucarística".[2]

Sendo a catequese uma introdução progressiva e sistemática às riquezas do mistério de Cristo, é inestimável a colaboração dos catequistas, pessoas dedicadas a esta específica tarefa. Podemos, então, afirmar que: "Não existe catequese sem catequista, pois, no fundo, há outra forma de comunicar o Evangelho que não seja transmitindo a outro a experiência da fé?".[3]

O ato catequético

Toda a Igreja recebeu a missão de "fazer discípulos", portanto, a catequese "não é absolutamente um ato individual e isolado, e sim profundamente eclesial".[4] A Igreja

---

[1]   DNC, n. 232.

[2]   DNC, n. 233.

[3]   MINGUET MICÓ, José. *Espiritualidade do catequista*. São Paulo: Ave-Maria, 2000. p. 7.

[4]   EN, n. 60.

nasce fazendo catequese, por isso ela é o sujeito da ação catequética.

O ato catequético é o conjunto da concreta ação catequética enquanto integra e unifica os elementos que a compõem, tais como: a Palavra de Deus, como elemento catalisador que ilumina todo ato catequético; a experiência humana; a oração, a celebração; a vida comunitária; o compromisso cristão como sua necessária consequência – elementos estes que se reclamam mutuamente.

Um ato de pastoral global

Na Exortação Apostólica *Catequese Hoje*,[5] o Papa João Paulo II afirma que, desde o início, se chamou de "catequese ao conjunto dos esforços envidados na Igreja para fazer discípulos". A catequese se situa num conjunto de ações da pastoral. Daí sua ligação com a evangelização, liturgia e sacramentos, Bíblia, família, pastoral de conjunto.

A catequese deve manter esta unidade, sobretudo com as pastorais afins da paróquia; por isso, os Bispos do Brasil elaboraram as *Diretrizes da Ação Evangelizadora*, que agrupam as pastorais nas quatro exigências: *serviço, diálogo, anúncio, testemunho de comunhão.*

Um ato pedagógico

A Igreja confia nas mãos dos catequistas a educação na fé dos próprios membros. Como todo processo de educação, a catequese também tem suas regras. Sendo assim, é importante que o catequista conheça o catequizando e suas condições: familiar, psicológica, as etapas de crescimento (criança, adolescente, jovens, adultos, especial). O *Diretório Nacional de Catequese* dedica todo o capítulo 6º a estas questões. O modelo de evangelização é o próprio Cristo: fala em parábolas para que todos compreendam (Mt 13; Lc 15). Ele parte da situação dos ouvintes para apresentar a sua mensagem (Jo 4).

---

[5] CT, n. 2.

Entram no ato catequético os diversos métodos utilizados em catequese, sem que se identifique com nenhum deles.

Um ato vocacional

A partir da própria experiência, da vivência na comunidade eclesial, da interpelação da Palavra de Deus e das necessidades da Igreja e da sociedade, a descoberta da própria vocação constitui o amadurecimento da fé, tarefa principal da catequese.

Sendo a catequese um processo educativo, ela deve conduzir o catequizando a descobrir sua *vocação* dentro da Igreja: toda catequese é vocacional e, nas circunstâncias atuais, sobretudo a catequese do sacramento da Confirmação. A dimensão missionária da catequese se encaixa aqui. Nesse sentido, a Primeira Carta aos Coríntios é um precioso instrumento para a catequese crismal e para adultos.

Toda catequese deve levar à descoberta da vocação em seus três níveis: a vocação humana que faz compreender a existência como um dom a ser acolhido e como um serviço a ser prestado; a este primeiro nível segue o segundo, o da vocação dentro da Igreja enquanto batizado, ou seja, a vocação universal à santidade e, dentro desta, a vocação específica de cada batizado num determinado ministério a serviço do bem comum.

A descoberta da própria vocação que leva ao compromisso da fé, elemento essencial do ato catequético, transforma a vida do catecúmeno e o torna testemunha diante do mundo da novidade do encontro com Cristo. O compromisso "é bom *indicador de qualidade* para a catequese".[6]

---

[6] GUTIÉRREZ MONTEIRO, Manuel. O ato catequético. *Dicionário de Catequética*, p. 69.

3
Catequese para o discipulado

O catequista é aquele que, na Igreja, tem a missão de fazer "ressoar a Boa-Nova no meio dos irmãos e irmãs de todas as idades e de todas as condições",[1] para que se tornem discípulos e discípulas de Jesus Cristo. Toda a ação do catequista e todas as atividades ligadas à evangelização e à catequese têm esta finalidade.

Já vimos como o catequista, enquanto batizado, mas também em vista da sua tarefa na Igreja, é chamado ele mesmo a ser discípulo de Jesus. A isso deve levar todo o trabalho – a graça de Deus e o esforço do catequista – que comporta uma profunda espiritualidade do catequista.

Nestes últimos tempos, sobretudo a partir da convocação do Ano Santo pelo Papa João Paulo II, tem-se insistido muito no discipulado, no seguimento de Jesus. No capítulo primeiro já vimos que, na realidade, é esta a missão que Jesus deu aos apóstolos, e esta é a missão da própria Igreja. Mas quem é o discípulo? Saber quem é o discípulo é importante tanto para o catequista, que é chamado a se tornar e ser sempre mais e melhor discípulo, quanto para o catequi-

---

[1] LE SAUX, Madeleine. *La catéchèse, un service, une passion*. Paris: Desclée de Brouwer, 1989. p. 99.

zando, que deve saber quais são as exigências do seu processo catequético que o levarão ao discipulado. O resultado de toda catequese se mede pelos discípulos que ela é capaz de formar para Jesus.

Quem é o discípulo?

Cristo ressuscitado, antes de voltar para junto do Pai, deu aos discípulos uma última ordem: "Ide, pois, fazer discípulos entre todas as nações" (Mt 28,19). Ele, bem cedo, formou um grupo de discípulos para que ficassem com ele e, depois, para enviá-los em missão (Mc 3,13).

Os evangelhos nos testemunham todo o trabalho que Jesus teve com os seus discípulos. Segundo Lucas (6,12), foi depois de uma noite de oração que escolheu os doze. Naquele tempo, Jesus não era o único mestre, mas a sua maneira de chamar os discípulos era totalmente diferente da dos outros mestres.

Os outros mestres eram escolhidos pelos próprios discípulos, com a finalidade de aprender com eles a profissão de mestre e, com isso, garantir certa posição social. Além disso, os discípulos tinham até obrigação de prestar-lhes serviços.

Com Jesus as coisas mudam. Em primeiro lugar, ele mesmo escolhia os discípulos (Mc 3,13; Jo 15,16; cf. Jo 13,18),[2] e os escolhe não para servi-lo, mas sim para serem enviados e servir, pois ele também veio para servir e não para ser servido, nem pelos discípulos nem por ninguém (Mt 20,28). Eles são escolhidos não para ter uma posição privilegiada na sociedade, mas para serem os servidores de todos. Jesus, com seu grupo de discípulos, instaurou um novo modo de viver que não encontra base na família natural nem no sangue; portanto, não tem relações de predominância e dependência.

---

[2] Santo Agostinho, a este propósito, diz: "O Senhor, nosso Deus, foi ele mesmo que fez para si as ovelhas que possui e apascenta". *Sermão 47: sobre as ovelhas.* CCL, n. 41,572.

Os discípulos vão entender isso com dificuldade e demorar a entrar nesta nova dinâmica do Reino: os evangelhos registram vários episódios e a respectiva intervenção de Jesus tentando explicá-la. Os irmãos Tiago e João pedem a intervenção da mãe deles, explorando o parentesco de Jesus, para ter um lugar de destaque. Jesus acabara de anunciar a sua morte como serviço supremo capaz de doar a vida pelos outros – princípio do Reino de Deus –, e eles pedem o poder que oprime e que está na base dos reinos do mundo (Mt 20,17ss)! Mas tampouco os outros dez mostram ter compreendido a novidade de Jesus a este respeito, e a disputa do poder entre os discípulos não foi um fato isolado (Mc 9,33-35; 19,41). O próprio Pedro questiona Jesus sobre a recompensa que vai receber por ter abandonado tudo (Mt 19,27). Ainda não tinha percebido que o fato de ter sido chamado é um dom que, como tal, supera toda expectativa de prêmio.

O discípulo é correlativo ao mestre, assim como o filho é correlativo ao pai: um não existe sem o outro. Quando se fala de discípulo, logo se pensa no aprendizado, pois o discípulo segue o ensinamento e o exemplo do mestre para assimilar o seu estilo de vida. Então, mais do que o sentido material de "seguir", ir atrás do mestre, a fidelidade do discípulo se mede pela *assimilação do seu estilo de vida*, de seu comportamento, numa espécie de identificação com ele. Os discípulos são chamados a viver o estilo de vida de Jesus, condensado nas Bem-Aventuranças: "Os discípulos aproximaram-se e ele começou a ensinar: Bem-Aventurados..." (Mt 5,1-12).

A identificação maior com o estilo de vida do mestre é o novo mandamento do amor: "Se vocês tiverem amor uns para com os outros, todos reconhecerão que vocês são meus discípulos" (Jo 13,35).

O discipulado, o seguimento de Jesus, é uma condição fundamental de todo crente. Os primeiros cristãos falavam de *caminho* (At 22,4.14.22), pois o seguidor de Jesus se caracteriza por seguir suas pegadas no cumprimento da missão, até entregar sua vida: "Quem ama pai ou mãe mais do que a mim não é digno de mim. E quem ama filho ou filha mais do que a mim não é digno de mim... quem perder sua vida por causa de mim a encontrará" (Mt 10,37.39).

O exemplo mais perfeito do seguidor de Jesus é o mártir que, com a entrega de sua vida, se identifica de forma perfeita com Jesus, que "não veio para ser servido, mas para servir" (Mt 20,28). E é por isso que Jesus se apresenta como o *caminho* (Jo 14,6), pois os que se decidem a seguir Cristo desejam também se configurar a ele, isto é, identificar-se com ele: "Haja entre vós o mesmo sentir e pensar que no Cristo Jesus" (Fl 2,5), e até compartilhar o seu destino (Jo 12,26).

O caminho de Jesus para Jerusalém permanece como referência do discípulo, tanto é verdade que, na narração desta viagem, Lucas concentra os ensinamentos de Jesus sobre o amor ao próximo (10,25-37), sobre a conversão radical (13,1-9), sobre a oração (11,18; 18,1-14), sobre o seguimento (14,23-33), sobre a renúncia por causa de Jesus (9,57-62; 15,25-27), sobre o desapego dos bens materiais e a confiança em Deus (12,13-36), sobre a fidelidade (12,35-48) e o testemunho (1,33-36).[3]

A viagem de Jesus para Jerusalém é normativa também para a Igreja de hoje, pois nele se encontram os relatos sobre a vocação (Lc 9,57-62), o envio missionário (10,1-16), a avaliação da missão evangelizadora (10,17-24).

Para a Igreja, este caminho tem uma finalidade bem precisa, a *santidade*: "A vontade de Deus é que sejais santos" (1Ts 4,3), compromisso que diz respeito a todos os seguidores de Jesus, "chamados à plenitude da vida cristã e à perfeição da caridade".[4] O Papa João Paulo II, com a coragem que o caracterizava, não hesitou em dizer que "o horizonte para o qual deve tender todo o caminho pastoral é a *santidade*", se "configurar" com Jesus, o Mestre.[5]

---

[3] SILVA RETAMALES, Santiago. *Discípulo de Jesus e discipulado segundo a obra de São Lucas*. São Paulo: Paulinas/Paulus, 2005. p. 17. (Coleção Quinta Conferência. Bíblia).

[4] LG, n. 40.

[5] NMI, n. 30.

Como nasce e como se caracteriza o discípulo de Jesus

Antes de tudo, o discípulo nasce da vontade do próprio Cristo (Mt 28,19), do encontro com ele, Cristo vivo. Na origem da nossa fé está este encontro que é ocasionado pelo anúncio do querigma e levado a termo pela catequese, através da educação da fé, da vivência pela oração, da vida sacramental e da vida fraterna.

Este encontro com Cristo vivo – ponto de partida de toda ação pastoral e meta da espiritualidade cristã – nasce da contemplação do seu rosto que, em concreto, se dá:

- pelo *acolhimento e meditação da Palavra de Deus*: "Se vocês guardarem a minha palavra, vocês de fato serão meus discípulos" (Jo 6,56). Não há dúvida de que o seguimento de Jesus é concebível somente com base na constante escuta da Palavra. Na transfiguração, o testemunho em favor de Jesus dado pelo Pai é acompanhado pelo convite-ordem: "Escutem o que ele diz" (Mt 17,5). Um dos trabalhos mais importantes da evangelização e da catequese é justamente o contato e a familiaridade com a Palavra, para que "a escuta da Palavra se torne um encontro vital".[6] A ação catequética, assim como toda ação pastoral, deve ter seu fundamento na Palavra de Deus. A escuta da Palavra leva o discípulo à adesão incondicional ao mestre: "A quem iremos, Senhor? Só tu tens palavras de vida eterna" (Jo 6,68), que parte de uma convicção firme: "Jesus perguntou-lhes: 'E vocês, quem dizem que eu sou?'. Pedro respondeu: 'Tu és o Messias, o Filho de Deus vivo'" (Mt 16,16).

- pela *pertença à comunidade dos discípulos*, pois o encontro com Cristo, graças à ação do Espírito Santo, realiza-se na fé recebida e vivida na Igreja, sacramento de Jesus Cristo. Na Igreja Católica *subsiste* a Igreja de Jesus Cristo, pois ela contém todos os meios da salvação: a Palavra de Deus, o batismo, a fé na Trin-

---

[6] NMI, n. 39.

dade, a fé em Jesus Cristo, Filho de Deus, único salvador, a profissão de fé recebida pelos Apóstolos, os sete sacramentos, a sucessão apostólica que garante e oferece a unidade e a comunhão entre os batizados, e a caridade.

- *pela oração pessoal e comunitária intensa* que faz do discípulo um amigo íntimo, o qual experimenta a reciprocidade da relação-diálogo estabelecida pela oração: "Permanecei em mim e eu permanecerei em vós" (Jo 15,4). E esta intimidade leva o orante ao coração da Trindade, pois sendo a oração obra do Espírito Santo, "abre-nos, por Cristo e em Cristo, à contemplação do rosto do Pai"; por isso, lembrava o Papa João Paulo II: "Há necessidade de um cristianismo que se destaque principalmente pela *arte da oração*".[7] E o exemplo na catequese passa pelo testemunho de uma vida marcada pela oração do próprio catequista, discípulo que aprendeu do Mestre Jesus a rezar. Como a oração de Jesus nasce da necessidade de mergulhar na intimidade do Pai, assim a oração do discípulo nasce da necessidade de contemplar o rosto do Mestre. O discípulo aprende do Mestre Jesus a orar. Santo Agostinho resume assim as três dimensões da oração de Jesus: "Ele ora por nós como nosso sacerdote, ora em nós como nossa Cabeça e a ele oramos como nosso Deus. Reconheçamos, portanto, na sua as nossas vozes, e sua voz em nós".[8] O discípulo deve pedir ao Espírito Santo o dom da oração, pois "a oração, quer saibamos ou não, é o encontro entre a sede de Deus e a nossa. Deus tem sede de que nós tenhamos sede dele".[9]

- *pela atenção especial aos pobres e excluídos*, pois, se verdadeiramente partimos da contemplação de Cris-

---

[7] NMI, n. 32.

[8] SANTO AGOSTINHO. *Enarrationes in psalmos* (Comentário aos Salmos), PL 85,1. São Paulo: Paulus, 1997. p. 841. (Coleção Patrística, 9/2). *O Catecismo da Igreja Católica*, n. 2688 e 2695, apresenta a ligação entre catequese e oração.

[9] Id. *Quaestiones* 64,4; PL 40,56.

to, devemos saber vê-lo, sobretudo, no rosto daqueles com os quais ele mesmo quis se identificar. Basta ler os critérios do juízo final apresentados pelo próprio Cristo em Mt 25,35-36. Não se trata de simples sensibilidade humana e filantropia diante dos problemas que a injustiça social provoca, mas de uma consequência essencial da nossa fé e do seguimento de Cristo, porque no pobre somos solicitados a ver e a acolher uma especial presença do próprio Cristo. Isso nos leva a afirmar que "a opção preferencial pelos pobres está implícita na fé cristológica",[10] porquanto ela "nasce da fé em Jesus Cristo, o Deus feito homem, que se fez nosso irmão".[11]

Sinais que identificam o discípulo de Jesus Cristo

Mas como perceber os sinais que nos identificam com os discípulos de Jesus? A reflexão que acabamos de fazer sobre como se dá a contemplação do rosto de Cristo nos diz que devemos sair da mediocridade da nossa vida de fé e *fazer-nos ao largo* (Lc 5,4), num dinamismo sempre novo da nossa fé e caridade. O caminho do discipulado não admite atitudes de relaxamento, por isso:

O discípulo é aquele que imita o mestre

- Tem o jeito do Mestre. É sinal do Mestre, e o mostra. Com palavras e atitudes, ecoa o Mestre; em tudo lembra o Mestre.

  É memória viva do seu Mestre e Senhor. Quando a imagem, a luz de Cristo, brilha na vida do catequista, ele não só fala de Cristo, mas também o faz "ver".

- Encanta-se e apaixona-se pelo Mestre a ponto de querer imitá-lo em tudo.

---

[10] DI, n. 3.

[11] DAp, n. 392.

É aquele que conduz a vida pelo Evangelho, pela lógica do seu Mestre e Senhor. Ama como o Mestre ama.

- Assume a missão do Mestre e o segue com disposição sempre renovada, sejam quais forem as situações desafiadoras da vida.

- É capaz de renunciar a tudo por amor a Cristo, pois ele é o tesouro encontrado e a pérola identificada (Mt 13,44-46): o seu viver é Cristo, que o faz ter disposição de vender tudo e até de perder a própria vida.

- Toma iniciativas para se encontrar com o seu Mestre e Senhor, mesmo que sejam ousadas e originais, como a de Zaqueu, que sobe numa árvore para ver o Senhor (Lc 19,1-10). Ele não se preocupa com a opinião dos outros e com aquilo que pode ser comentado sobre sua estranha atitude; o importante é encontrar o Senhor! O mesmo se diga do paralítico que, impedido de se aproximar por causa da multidão, depois de abrirem o teto do lugar onde estava Jesus, é descido com sua cama diante dele (Mc 2,35). O discípulo apaixonado colhe cada oportunidade que se lhe apresenta para encontrar-se com Jesus.

O discípulo vive em comunhão eclesial

- *Responde a um chamado pessoal para servir Jesus Cristo na Igreja*, a comunidade dos discípulos que se reconhecem enviados pelo Senhor. "O Evangelho lhe é anunciado não para ser guardado, mas para ser transmitido",[12] o que faz da Igreja uma comunidade, por sua própria natureza, missionária. A vocação ao discipulado missionário é convocação à comunhão em sua Igreja. Não há discípulo sem comunhão.[13]

- *Tem sua fonte e força no discipulado de Jesus*. Diante dos desafios que cada época apresenta, o discípulo,

---

[12] BENI DOS SANTOS, Benedito. *Discípulos e missionários*; reflexões teológico-pastorais sobre a missão na cidade. São Paulo: Paulus, 2006. p. 41.

[13] DAp, n. 156.

na escola do Mestre, sabe como proceder, pois entende que tudo pode naquele que lhe dá força. Os discípulos que já trilharam o caminho do discipulado sabem encontrar inspiração e estímulo nos santos da Igreja.

- *Age em nome de Cristo com toda a Igreja.* O discípulo não se isola, mas caminha com a comunidade dos discípulos, dos convocados pelo Ressuscitado. O discípulo não se limita à sua paróquia ou comunidade, porém, sabe sentir solicitude por toda a Igreja, pois ela é o sacramento, o sinal visível da salvação que Jesus instituiu.

- *Constrói a comunhão fraterna*, pois a Igreja é o Corpo de Cristo onde todos os membros gozam da graça do mesmo batismo, são chamados a agir pelo bem de todos (1Cor 12,7; Gl 5,13), e à mesma santidade, e convocados pela mesma missão. É nesta comunhão, apesar dos limites humanos que ela possa ter, que o discípulo encontra esperanças e cria novas forças.

- Tem a *certeza de pertencer a uma comunidade* que conta com a presença constante do Ressuscitado (Mt 18,20; 28,20) e a assistência do Espírito Santo (Jo 14,16), e por isso assume a missão da Igreja em primeira pessoa, sentindo-se plenamente Igreja, e não se concebe senão como Igreja.

O discípulo é convocado para a missão

- *A vocação do discípulo é ser missionário.* O Documento final da V Conferência do Episcopado Latino-Americano e do Caribe, ao lado da expressão "discípulo e missionário", usa com frequência "discípulo missionário" para afirmar que não se pode pensar num discípulo que não seja missionário: em cada *batismo* nasce um novo *discípulo missionário*. Marcos nos permite colher esta verdade no próprio método de Jesus: "Então Jesus constituiu o grupo dos Doze para que ficassem com ele e para enviá-los a pregar" (Mc 3,14). Todo discípulo tem consciência de ser enviado.

- *Seu modelo de missionário é o próprio Jesus* que, livre de tudo e de todos, se consagra totalmente à missão, orientando para ela todo seu tempo, suas energias, sua generosidade.

- *Testemunha com a vida sua experiência de discípulo do Senhor*, pois o encontro com ele transforma a vida do discípulo que aprende a colocar prioridades na vida. Exemplo perfeito de transformação é São Paulo, que chega a dizer, com toda convicção: "Já não sou eu que vivo, mas é Cristo que vive em mim" (Gl 2,20).

- *Anuncia e propõe a novidade do Evangelho,* pois ninguém que faça uma autêntica experiência de Jesus, que tenha descoberto o tesouro (Mt 13,44-46), pode ficar indiferente sabendo que a salvação depende do anúncio: "Ai de mim se não evangelizar" (1Cor 9,15).

A oração do discípulo

O caminho do discípulo se caracteriza pelo "seguimento", isto é, algo permanente que só pode ser conseguido pelo dom da perseverança. Nos evangelhos, este seguimento de Jesus é traçado de forma diferente, mas coerente. O discípulo sente a necessidade de pedir:

- *"Senhor, fazei que eu veja."* Como o cego de Jericó (Lc 18,35-43), imobilizado pela cegueira (sentado à beira do caminho), o discípulo-catequista pede que enxergue a sua realidade e a realidade do mundo, para poder entender uma nova maneira de ver e agir como discípulo iluminado. Vendo, o discípulo-catequista pode indicar Jesus aos outros: é o dom da fé comprometida.

- *"Senhor, que eu escute para falar."* Como o surdo da região da Decápole (Mc 7,31-37), com dificuldade de falar, o discípulo-catequista pede que Jesus lhe abra os ouvidos e a boca para ser capaz de ouvir a sua mensagem e ter a alegria de anunciá-la (falar) aos outros.

- *"Senhor, que eu ande."* Como o paralítico da piscina de Jerusalém (Jo 5,9), o discípulo-catequista pede a Jesus que, tendo conseguido a graça de caminhar na liberdade de filho de Deus, tenha a indizível alegria de acompanhar os outros ao encontro de Jesus.

4
A vocação e missão do catequista

A Igreja existe para evangelizar:[1] esta é a graça e a vocação própria. Mas a vocação do catequista, assim como todo ministério, nasce de uma necessidade da comunidade eclesial, a de favorecer a maturidade da fé e o crescimento da Igreja, para que ela possa desempenhar sua missão: "fazer discípulos" (Mt 28,19).

Como a evangelização, também a catequese se insere dentro do ministério da Palavra que constitui a base de toda ação pastoral. A Igreja depende totalmente da Palavra de Deus.

Em 1Cor 12,28, São Paulo lembra que todos os dons vêm de Deus, mas, entre todos, alguns têm um valor particular e fundamental, sem os quais não se dá a evangelização. Para São Paulo, nos ministérios há uma hierarquia e esta é estabelecida pela relação que eles mantêm com a Palavra: "*Assim, na Igreja, Deus estabeleceu, primeiro, os Apóstolos; segundo, os profetas; terceiro, os que ensinam*", os encarregados, em cada comunidade, do ensinamento regular e ordinário: os catequistas. Estes ministérios são dados para

---

[1] EN, n. 14.

aperfeiçoar os membros da comunidade, para que alcancem a perfeição de Cristo: a santidade (cf. Ef 4,11).

Para o cumprimento desta tarefa, fundamental à identidade da Igreja, o Espírito Santo faz surgir a vocação do educador, pedagogo da fé. Nesse sentido, o catequista é um chamado, e esta sua vocação possui um duplo sentido:

- é chamado por Deus, constituído ministro da Palavra pelo poder do Espírito Santo;
- é enviado pela comunidade, pois é em seu nome que ele fala e age.

A Igreja *delega* alguns da comunidade – os catequistas – para desempenharem a tarefa da educação da fé de seus membros. Sendo assim, o catequista tem "uma vocação característica dentro da Igreja", como realização da vocação batismal;[2] vocação que recebe pelo sacramento da Confirmação como um verdadeiro serviço catequético pelo qual sabe que é Igreja e atua em nome da Igreja.[3] O catequista é alguém que atende ao chamado da comunidade para ser instrumento de instrução, formação e transformação.

"A Igreja precisa de vocês", dizia o Papa João Paulo II aos catequistas. "Ela continua precisando de vocês. Mesmo que os sacerdotes sejam numerosos e os religiosos se coloquem à disposição da Igreja, vocês são insubstituíveis."[4] Dessa tarefa "a Igreja não pode prescindir, pois o que está em jogo é a maturidade da fé e a própria identidade cristã".[5]

A urgente necessidade da evangelização é apresentada pelo apóstolo Paulo: "Todo aquele que invoca o nome do Senhor será salvo. Ora, como poderão invocar aquele no qual não acreditam? Como poderão acreditar, se não ouviram falar dele? E como poderão ouvir, se não houver quem o anuncie? Como poderão anunciar, se ninguém for enviado?" (Rm 10,11-13). Eis aqui a origem da vocação que o Espírito Santo

---

[2]   CNBB. *Formação de catequistas*, n. 44.

[3]   Ibid., n. 45.

[4]   JOÃO PAULO II. *Discurso aos catequistas*, em 18 de fevereiro de 1982.

[5]   Id. Homilia proferida no dia 12 de setembro de 1980.

suscita na Igreja para que ela cumpra a missão recebida de Jesus.

"A fé é a adesão pessoal, do homem inteiro, a Deus que se revela. Compreende a adesão da inteligência e da vontade à revelação que Deus fez de si mesmo, mediante suas obras e palavras";[6] o catequista, com o seu ensino e testemunho de vida, oferece as condições para que o catequizando responda a este convite de Deus da melhor forma e com sempre renovada generosidade.

A pessoa do catequista

Para que a Igreja tenha condições de cumprir esta missão, ela se empenha na formação e educação da fé dos seus próprios membros. Para isso, ela elaborou um "método" chamado *catequese* para fazer ressoar o primeiro anúncio e habilitar os seus membros, maduros na fé e na adesão a Jesus, para a missão. Este método de educação da fé de crianças, jovens e adultos é desenvolvido de "maneira orgânica e sistemática com o fim de iniciá-los na plenitude da vida cristã".[7] Os termos *orgânica* e *sistemática* sugerem um *processo*, um caminho por etapas, que exige um planejamento para garantir os seus diversos momentos e incluir todos os seus elementos para chegar "à plenitude da vida cristã", que é o discipulado.

Toda a comunidade é evangelizadora em força do próprio batismo. Para ela desempenhar esta missão deve anunciar, em primeiro lugar, a Palavra de Deus a seus próprios membros, quer dizer, cuidar da sua formação, a fim de formar a comunidade eclesial e torná-la apta para a missão. Sem esta educação na fé de seus próprios membros, a Igreja não tem condições de ir além de suas fronteiras cumprindo a ordem do Senhor: "Ide, pois, fazer discípulos entre todas as nações" (Mt 28,19). Para esta tarefa surgiu o ministério da catequese.

---

[6] CIC, n. 176.

[7] CT, n. 18.

Na preocupação de formar os seus catequistas, a Igreja deve ter uma atenção especial à pessoa do catequista: antes de cuidar do *fazer* do catequista, deve se preocupar com o *ser* do catequista.[8] Isso porque "o serviço do catequista se fundamenta, antes de tudo, sobre o 'ser', porque é em nível do 'ser', quer dizer, da pessoa do catequista, que se realiza a primeira e mais importante comunicação catequética".[9] Assim como "A Igreja faz catequese por aquilo que ela é",[10] também a comunidade deve se preocupar com o ser, com a pessoa do catequista.

Quando se fala do "ser" do catequista, quer se lembrar que ele é, em primeiro lugar, uma *pessoa* e, como tal, tem suas riquezas e fraquezas, mas pode se enriquecer ainda mais para que o seu serviço na Igreja possa ser sempre melhor.

Em seguida, ao falar do "ser" do catequista, quer se sublinhar que é um cristão, um crente, uma testemunha da fé e que nisso deve crescer rumo àquela maturidade que leva, como diz São Paulo, à plenitude do Cristo (Ef 4,13). Na base de tudo isso está o *encontro* pessoal com Jesus Cristo, pois o catequista que não tiver realizado esta experiência terá dificuldade para levar os catequizandos ao encontro com Cristo. O catequista se compromete a contagiar os catequizandos com o entusiasmo que vem da amizade que ele tem com Jesus. Neste entusiástico trabalho que tem a delicada missão de fazer discípulos, a Igreja, a sua paróquia e o seu pároco, primeiro responsável pela catequese, lhes dão as boas-vindas!

Insistir na maturidade humana, cristã, espiritual e apostólica do catequista significa zelar para que a sua ação catequética tenha credibilidade.[11] É significativo, a este propósito, que o *Diretório Nacional de Catequese* coloca como primeiro objetivo da formação, antes mesmo da sua capaci-

---

[8] O *Diretório Nacional de Catequese* (262-276) acompanha o *Diretório Geral para a Catequese* (238ss), que enfoca a formação do catequista nas dimensões do "ser", do "fazer" e do "saber fazer".

[9] DAMU, Piero. *La spiritualità del catechista*. Leuman-Torino: Ed. Elle Di Ci, 1997. p. 7.

[10] CEI. *Il rinnovamento della Catechesi*, n. 145.

[11] Ibid., n. 189.

tação como catequista, "o seu próprio crescimento e realização, acolhendo a proposta de Deus e sentindo-se pertencente a uma comunidade",[12] pois por sua vocação o catequista nasce da comunidade, vive na comunidade e atua para a comunidade.

O primado do "ser" sobre o "fazer" do catequista

A catequese é um ministério que se exerce dentro da comunidade cristã, para o crescimento dos membros da própria comunidade. O cuidado com a formação do "ser" do catequista é determinado pela importância do seu ministério e pela consequência que tem para a vida da Igreja e o anúncio do Evangelho, pois do ministério do catequista depende:

- a iniciação à fé e a educação da fé para formar discípulos;
- a imagem de Deus segundo a revelação de Jesus Cristo que o catequista passa, a imagem de Jesus Cristo segundo os evangelhos, e a imagem e experiência da Igreja como comunidade dos discípulos;
- a profundidade e a firmeza da fé do batizado;
- o conhecimento da doutrina que a Igreja ensina;
- a formação cristã integral;
- a adesão do catequizando à pessoa e à mensagem do Cristo;
- a integração e o sentido de pertença do catequizando à Igreja;
- a maturidade da fé da comunidade eclesial;
- e, por isso, o futuro da própria Igreja.

Consequência de tudo isso é o zelo dos pastores em formar os formadores da própria comunidade eclesial. No processo de formação do catequista, a dimensão pessoal – equilíbrio psicológico, boa comunicação, certa liderança,[13] fé

---

[12] DNC, n. 254a.

[13] *Formação de catequistas*, n. 50.1.

madura resultante de uma opção pela pessoa e pela mensagem de Jesus e da sua Igreja – é prioritária. Essas exigências partem da finalidade da própria missão do catequista: educar na fé e formar a consciência do catequizando. Educar na fé significa oferecer as condições para que o batizado desenvolva a sua adesão a Jesus Cristo e saiba dar as razões desta fé.

O *Diretório Nacional de Catequese*, traçando o perfil do catequista, apresenta alguns elementos essenciais do ser do catequista, o rosto humano e cristão de uma pessoa que:

- ama viver e se sente realizada;
- tem maturidade humana e equilíbrio psicológico;
- vive uma profunda espiritualidade, e quer crescer em santidade;
- sabe ler a presença de Deus em tudo;
- é integrada no seu tempo e identificada com sua gente;
- busca, constantemente, cultivar sua formação;
- tem comunicação e é capaz de construir comunhão.[14]

O Diretório apresenta estes elementos essenciais da pessoa do catequista – que não precisam de muita explicação –, antes do "saber" e do "saber fazer" do catequista, pois o testemunho pessoal está na base da catequese, e a melhor catequese é a vida do próprio catequista. Os catequizandos devem poder perceber que o catequista, com a sua vida, mostra que seus olhos viram e suas mãos tocaram (1Jo 1,1) aquele Jesus que ele anuncia e apresenta; da sua experiência de fé os catequizandos devem poder receber luz e certezas que orientem sua vida.

O educador da fé

Como conclusão, podemos dizer que a pessoa do catequista apresenta os seguintes elementos de sua identidade que brotam da sua vocação de educador dentro da Igreja: [15]

---

[14] Cf. DNC, nn. 262-268.

[15] Cf. CELAM. *Manual de catequética*, p. 130.

- o catequista é um *vocacionado*, e sua vocação não é fruto de iniciativa própria, mas sim suscitada por Deus e reconhecida e instituída pela Igreja, que tem a responsabilidade de discernir os carismas;

- o catequista é *servidor da Palavra*; a ela é subordinado e a ela deve obediência. Falando da vocação e missão do catequista, vimos como São Paulo, em 1Cor 12,28, associa o ministério dos mestres ao dos Apóstolos e Profetas, que são ligados à Palavra, e é por isso que estão em primeiro lugar entre os dons e carismas. Os ministérios ligados à Palavra dentro da Igreja são vários, mas o catequista o exerce de maneira particular, pois ele entra em contato com a vida e a própria pessoa dos destinatários. O catequista nunca poderia formar seguidores autênticos da Palavra, se dela não se alimentasse e a vivesse.

- O catequista é *educador*, aquele que "conduz" os próprios membros da comunidade, e esta educação diz respeito a todas as dimensões da vida cristã. Ele é que suscita discípulos para Jesus, aquele que conduz pela mão ao encontro de Jesus.

- O catequista é *mensageiro de Jesus Cristo* e, nesta tarefa, anuncia o mistério pascal de proclamar aos irmãos que Jesus é o Salvador, e educa a encontrá-lo e a vivê-lo em cada situação da vida.

Tudo isso exige do catequista uma atenção toda especial a sua vida espiritual; ele deve ter:

- um cuidado amoroso com sua vida interior;

- uma escuta perseverante da Palavra de Deus, através da leitura e meditação cotidianas;

- espírito de oração para intensificar a sua comunhão com o Mestre;

- uma vida sacramental nutrida pela Eucaristia e pela Reconciliação;

- um adequado conhecimento da Palavra de Deus;

- um amor filial pela Igreja que o chamou;

- a capacidade de escutar e de dialogar.

O catequista é o ministro encarregado pela Igreja de transmitir a fé como "boa notícia", para encontrar nela a alegria e a harmonia da própria vida em Cristo e na lógica do seu Evangelho. A Igreja quer do catequista a competência para transmitir aos outros a sua experiência de uma vida cristã realizada.

Esta "formação catequética... tem prioridade sobre a renovação dos textos e o melhoramento da própria organização catequética";[16] numa palavra, primeiro vem a *pessoa* depois o método, primeiro o *ser* depois o *fazer* do catequista.

---

[16] DGC, n. 108.

5
A espiritualidade
do catequista

No capítulo anterior nos ocupamos da vocação, missão e, sobretudo, da pessoa do catequista, querendo com isso sublinhar a importância do "ser" do catequista. Neste capítulo continuaremos com esta preocupação, dando ênfase a uma dimensão sem a qual a pastoral catequética é destinada a um estrondoso fracasso, pois, como já dissemos: o testemunho pessoal está na base da catequese, e a melhor catequese é a vida do próprio catequista. Estamos falando da *espiritualidade* do catequista, daquele que a comunidade eclesial escolheu como formador de seus próprios membros. A espiritualidade do catequista faz parte da esfera do "ser" do catequista.

A comunidade que escolheu os educadores da fé entre seus membros deve acompanhar com carinho e vigilância seu desempenho, pois o seu futuro depende, em muito, do ministério dos catequistas. Quem não tem paixão por Jesus Cristo nunca será capaz de despertá-la nos outros, e dificilmente se pode introduzir e conduzir a outrem no essencial da fé, se antes não tiver descoberto os aspectos fundamentais do mistério cristão.

A espiritualidade cristã

"A experiência batismal é o ponto de início de toda espiritualidade cristã que se funda na Trindade",[1] em cujo mistério de comunhão o Batismo nos mergulha.

Espiritualidade tem a ver com: espírito, sopro, entusiasmo, ardor, generosidade, alegria, energia de vida. É o modo como nós vivemos um ideal, o ideal de Jesus Cristo, a missão que ele nos confiou. Numa palavra, *espiritualidade* é um *estilo de vida*, uma maneira, um jeito de viver guiado e animado pelo Espírito: é a nossa paixão por Jesus. É aquilo que se costuma chamar de *mística*. Esta paixão por Jesus é que nos faz realizar a missão catequética com generosidade e ardor.

A espiritualidade é algo essencial na vida de todo cristão; é o motor que nos impulsiona até Deus e aos irmãos no serviço que Deus nos pede. Sem motor a máquina não anda: sem espiritualidade a nossa fé e a nossa ação catequética carecem de entusiasmo. Espiritualidade é a vida segundo o Espírito, ou vida no Espírito Santo (Rm 8,1-17).

Pela graça do Batismo, todo cristão entra na dinâmica do Espírito Santo e nele se coloca no seguimento de Cristo, com a vontade de se tornar sempre mais semelhante a ele, para que seja sempre do agrado do Pai. Nós chamamos esta dimensão da fé cristã de *configuração* a Cristo, que é a vocação e a meta de cada cristão. No Batismo nos tornamos "filhos no Filho". O caminho para a santidade – a espiritualidade – visa nos aproximar sempre mais desta imagem para nos tornarmos semelhantes a ele, até o ponto de imprimir em nós a sua imagem, a sua figura: *configuração*. E que o Pai, olhando para cada um de nós, vendo-nos semelhantes a seu Filho, possa exclamar: "Tu és meu filho amado! Em ti encontro o meu agrado" (Lc 3,22b).

Este caminho pode não ser fácil, pois a cruz pertence à fé cristã. O chamado de Jesus exige prontidão, generosidade que supõe um grande desapego das nossas falsas seguranças. O próprio Jesus nos alertou: "Se alguém quer

---

[1] DAp, n. 240.

me seguir, renuncie a si mesmo, tome a sua cruz e me siga" (Mc 8,34).

A espiritualidade do catequista

Assim como pelo Batismo todos somos chamados a evangelizar, mas nem todos da mesma maneira, pois é diferente a situação de um padre e de um pai de família, também todos temos uma espiritualidade – mística – cristã, mas ela é vivida de forma diversa, dependendo do nosso lugar dentro da Igreja e da sociedade.

A espiritualidade do catequista deve ser vista dentro da sua missão de *servidor da Palavra* e de *educador da fé*. Isso significa que a espiritualidade do catequista é voltada *ao serviço* e *para o serviço*, e vivida com *humildade* e *confiança*.

Humildade: é grande demais a mensagem que ele vai anunciar e a responsabilidade do serviço que é chamado a prestar como educador da fé. A mensagem do Evangelho que ele anuncia, e da qual é testemunha, é o dom mais precioso neste mundo, pois se trata do feliz anúncio da salvação, a Boa-Notícia, da notícia que causa alegria. O catequista traz este dom, que não é dele, mas de Deus, num vaso de barro (2Cor 4,7). Ele deve tratar este dom com grande respeito, que a Bíblia chama de "temor de Deus" (Eclo 1,9-25), o qual suscita um grande respeito e responsabilidade. Ele é um humilde servidor da Palavra, da Igreja e dos catequizandos que não são seus, mas de Deus, e deve crescer no discipulado de Jesus, segundo as expectativas do próprio Jesus.

Confiança: a missão é grande, mas o catequista conta com a ajuda de Deus. A Bíblia nos oferece vários exemplos nos quais o catequista pode se inspirar.

Diante da grandeza da missão e da dificuldade da tarefa, Jeremias suplica: "Senhor, eu sou ainda jovem e não sei falar", mas Deus, que sabe o que faz, responde: "Não digas: eu sou jovem, pois eu estarei contigo" (Jr 1,6-8). Também a Moisés, espantado com a dificuldade da missão de libertar o seu povo: "Quem sou eu...", Deus responde: "Eu estarei contigo" (Ex 3,10-12). Pedro, que se sente pecador, ouve a resposta de Jesus: "Não tenhas medo!" (Lc 5,4-11). Apesar da nossa fraqueza, "nada é impossível a Deus" (Lc 1,37), por isso sempre podemos confiar nele, pois "tudo eu posso naquele que me dá força" (Fl 4,13).

Como Maria, o catequista também pode dizer e reconhecer: "O Senhor olhou para a humildade de sua serva", e também constatar com espanto e admiração "O Senhor fez por mim maravilhas" (Lc 1,46-49).

Dimensões da espiritualidade do catequista

Passamos a considerar algumas das dimensões mais importantes da espiritualidade do catequista que mostram a necessidade de um crescimento espiritual, de uma atualização constante e de uma formação permanente.

Cristocêntrica: o nome de cristão vem de Cristo – gente que segue ao Cristo; gente parecida com ele; gente que vive como ele; gente que vive para ele.[2] Um detalhe que não pode passar despercebido, a este propósito, é que nós não assumimos o nome de *Jesus*, com efeito, não nos chamamos de "jesuítas", mas assumimos o dos seus apelidos: *Cristo*, o ungido, o enviado. O cristão, então, é alguém que recebe a missão de Jesus, o Cristo, do qual assume o nome e, sem a vivência desta missão, está usurpando o nome que assumiu.

A catequese conduz ao núcleo central do Evangelho: à conversão, ao seguimento e à opção por Jesus e a sua missão.

O Papa Bento XVI, na sua homilia aos bispos do Brasil, reunidos na Catedral da Sé, em São Paulo, falando dos católicos que abandonam a Igreja, afirma que: "Parece claro que a causa primordial, dentre outras, desse problema, possa ser atribuída à falta de uma evangelização em que

---

[2] Segundo a informação de Atos dos Apóstolos 11,26, foi em Antioquia que os discípulos receberam pela primeira vez o nome de "cristãos".

Cristo e a sua Igreja estejam no centro de toda explanação":[3] falta de catequese cristocêntrica e eclesiológica. No início da fé deve estar o encontro com um acontecimento: a pessoa de Jesus. O coração da catequese é Jesus. Somente numa profunda comunhão com ele é que o catequista encontra a luz e a força para cumprir sua missão de educador da fé, de testemunha corajosa num mundo sempre mais indiferente e até hostil à fé.

Dessa dimensão cristocêntrica segue a dimensão *Trinitária:* Cristo veio para nos revelar Deus, como Pai, Filho, Espírito Santo: ele é o caminho que nos leva ao coração da Trindade Santa, na qual fomos batizados e à qual fomos consagrados. Jesus revela a originalidade do nosso Deus, a Trindade: Deus comunhão, Deus família e, por isso, Deus-Amor.

A Trindade é o ponto de chegada da fé, da catequese e da vida cristã. O destino da humanidade é o encontro com a Trindade. A espiritualidade trinitária é um compromisso de viver a comunhão.

Da dimensão cristocêntrica segue também a dimensão *litúrgico-sacramental* da espiritualidade. Jesus Cristo, ressuscitado, se faz presente em nosso meio através de *sinais*, os sacramentos. A vida sacramental, então, é essencial para o catequista crescer na intimidade com Jesus, crescer na santidade. Em especial os sacramentos da Eucaristia e da Reconciliação, que são os dois sacramentos da "manutenção" da vida cristã e do sustento para a santidade. Ainda mais quando o catequista pretende indicar aos outros o caminho que leva ao seguimento de Jesus, à comunhão com ele através dos sacramentos. Chamado a ajudar os catequizandos a conhecer melhor Jesus e a amá-lo sempre mais, o catequista deve alimentar contínua e intensamente sua vida espiritual na unidade e na comunhão com Jesus. Somente quem tem intimidade com Jesus pode comunicar o seu mistério.

---

[3] BENTO XVI. Discurso aos Bispos na Catedral da Sé. *Palavras do Papa Bento XVI no Brasil*, p. 48.

Um elemento importante na vida eucarística do catequista é o *domingo*: a missa dominical é o centro da vida cristã. O encontro com Cristo na Eucaristia, que é, "para cada batizado, o coração do domingo",[4] suscita "o compromisso da evangelização e o impulso à solidariedade".[5] A vida litúrgico-sacramental é estritamente ligada à vida de oração. A oração pessoal, alimentada em cada momento do dia a dia, e a oração comunitária são o segredo para uma catequese intensa e para o ardor que a acompanha, pois somente pode transmitir amor e paixão por Jesus quem vive em intimidade com ele. O espírito de oração é fundamental para o catequista que recebeu da Igreja a tarefa de educar na fé o catequizando e fazer dele um discípulo de Jesus. Exemplo de oração, de intimidade com Deus, é o próprio Jesus, que aproveitava todas as ocasiões para rezar.

A vida e a atividade toda de Jesus são alimentadas pela oração: no início da sua missão Jesus se retira para planejar a sua missão na oração (Lc 4,1.42); antes da escolha dos doze apóstolos (Lc 6,12); na avaliação da sua missão depois da multiplicação dos pães (Lc 9,18); na transfiguração como resposta ao momento de crise dos apóstolos depois do primeiro anúncio de sua morte (Lc 9,28-29); num momento de exultação louva o Pai porque o Evangelho está sendo anunciado aos pobres (Mt 11,25; Lc 10,21-22); antes de dar a oração do Pai-Nosso aos discípulos (Lc 11,1); agradece ao Pai antes da ressurreição de Lázaro (Jo 11,41); reza diante da perturbação ante a sua morte (Jo 12,27-28); ao enfrentar as angústias da morte que se aproxima (Mc 14,32.36.39; Lc 22,41-46); agradece ao Pai durante as refeições (Lc 22,17-19); na última ceia reza ao Pai pelos seus discípulos e por aqueles que vão acreditar nele por causa da palavra dos apóstolos (Jo 17,6.20); pede perdão ao Pai pelos seus car-

---

[4] NMI, n. 36. Sobre o domingo, ver a Carta Apostólica do Papa João Paulo II: *Dies Domini*, o Dia do Senhor, em que o domingo é apresentado nas suas diversas dimensões: *Dia do Senhor, Dia de Cristo, Dia da Igreja, Dia do Homem, Dia dos dias*, constituindo uma rica catequese sobre o domingo.

[5] Bento XVI. Discurso inaugural da V Conferência Geral do Episcopado Latino-Americano e do Caribe, n. 4.

rascos (Lc 23,23-34); pede ao Pai para afastar o cálice da dolorosa paixão (Mt 26,39.42); no momento da morte, pede explicação de seu abandono (Mt 27,46; Mc 15,34); e entrega confiante sua vida nas mãos do Pai (Lc 23,46). O Novo Testamento nos apresenta as qualidades da oração: *atenta* (Mt 6,6; Ef 6,18; Jo 4,3); *humilde* (Lc 7,6; Jo 4,6; Rm 8,26), *confiante* (Mt 21,22; Mc 11,22); *perseverante* (Lc 18,1; 1Ts 5,17).

Na pedagogia da santidade, dizia João Paulo II, "há a necessidade de um cristianismo que se destaque principalmente pela *arte da oração*". Oração entendida não simplesmente como repetição de fórmulas, mas como o progredir e o desenrolar-se de um "diálogo com Jesus que faz de nós seus amigos íntimos: 'Permanecei em mim e eu permanecerei em vós'" (Jo 15,4).[6]

O catequista, educador da fé, que tem o hábito da oração, deve ser capacitado também para educar à oração autêntica e aos diversos modos de rezar, pois "é preciso que a educação para a oração se torne de qualquer modo um ponto qualificativo de toda a programação pastoral",[7] que começa, justamente, com a catequese e o testemunho do catequista.

Bíblica: O catequista é o servidor da Palavra; o seu ministério nasce da Palavra, se desenvolve na escola da Palavra e visa à escuta e à vivência da Palavra. A Bíblia, como livro da vida e da fé, é o texto fundamental da catequese. O último Sínodo dos Bispos, sobre a Palavra de Deus, afirma que as raízes da catequese devem estar na revelação cristã, e que ela deve ter como modelo a pedagogia de Jesus, a qual "abre o coração dos discípulos à inteligência das Escrituras" (cf. Lc 24,27)".[8]

O primeiro conhecimento de Jesus e de sua mensagem nos vem da Bíblia Sagrada, sobretudo, dos evangelhos (2Tm

---

[6] NMI, n. 32-33.

[7] NMI, n. 34.

[8] XXII Assembleia Geral Ordinária do Sínodo dos Bispos, Proposição n. 23.

3,14-17). O catequista que educa a fé pela Palavra nutre-se da Palavra. O Papa Bento XVI, na abertura da V Conferência Geral do Episcopado Latino-Americano e do Caribe, disse que: "Cristo se faz conhecer em sua pessoa, em sua vida e em sua doutrina por meio da Palavra de Deus"; e que "Por isso, se há de educar o povo na leitura e meditação da Palavra de Deus"; e um: "meio para introduzir o Povo de Deus no mistério de Cristo é a catequese... tanto de crianças como de jovens e adultos".[9]

Não se exige que o catequista seja um exegeta, um especialista em Bíblia, mas é necessário que ele tenha um mínimo de conhecimentos bíblicos ou que faça o possível para adquiri-los, para poder transmitir aos catequizandos – crianças, jovens, adultos – as riquezas da Palavra de Deus. Vale também para o catequista a séria afirmação de São Jerônimo: "quem ignora a Bíblia, ignora o próprio Jesus Cristo".[10] A Palavra de Deus é a fonte da espiritualidade do catequista.

O catequista, mais do que qualquer outro, deve se familiarizar com a Palavra de Deus e despertar o "apetite" por ela. Sentir sede para o seu crescimento pessoal, mas também em função do serviço que presta à Igreja e que se caracteriza como serviço da Palavra. É essencial se convencer de que, sem a alimentação cotidiana da Palavra de Deus, é difícil construir uma sólida espiritualidade do discípulo de Jesus e, ainda menos, do catequista, formador de discípulos.

Além disso, o catequista deve ter um conhecimento mais sistemático da Bíblia, para poder entrar na inteligência da Sagrada Escritura e tirar dela toda riqueza a ser transmitida aos catequizandos. O catequista sabe que a Bíblia é a alma e o livro da catequese e que, portanto, toda a sua vida e a sua atividade catequética devem ser profundamente animadas pela dimensão bíblica.

Vale também para o catequista o insistente convite do Papa João XXIII no dia em que tomou posse na basílica de João em Latrão, logo depois ter sido nomeado papa: "Se to-

---

[9] BENTO XVI. Discurso inaugural da V Conferência Geral do Episcopado Latino-Americano e do Caribe, n. 3.

[10] *Comentário sobre Isaías*, PL 21,17.

das as solicitudes do ministério pastoral nos são queridas e sentimos sua urgência, sentimos, sobretudo, a necessidade de levantar em todo lugar e sempre o entusiasmo para toda manifestação do Livro Sagrado, que é feito para iluminar o caminho da idade desde a infância até a idade mais avançada".[11]

Eclesial. A espiritualidade do catequista comporta, inevitavelmente, uma dimensão eclesial. "O catequista é um enviado. Sua missão possui duplo sentido: é enviado por Deus, constituído ministro da Palavra pelo poder do Espírito Santo, e é enviado pela comunidade, pois é em nome dela que fala."[12] A comunidade o encarrega de evangelizar os seus próprios membros para serem capazes de assumir a tarefa missionária, pois sem missão não há anúncio e sem anúncio não há futuro para a Igreja. O catequista sabe que ele é Igreja e atua em nome da Igreja, da qual é um enviado.

Esta dimensão é compromisso com a própria comunidade: assumir o plano de pastoral; participar ativamente da vida da comunidade; viver em comunhão com as outras pastorais, viver em comunhão com o pároco que é o animador de toda a comunidade. Sobretudo, ele mesmo é elemento de união e comunhão dentro da comunidade. A espiritualidade de comunhão se alimenta e, ao mesmo tempo, alimenta os vínculos tanto entre os colegas catequistas, que têm o mesmo objetivo da educação da fé, quanto entre as outras pastorais. O fato de se encontrar com frequência e com um único objetivo unifica o trabalho de todos, e já é um incentivo a viver em comunhão. Por isso, a própria vivência amiga e fraterna dentro do grupo de catequistas educa para essa comunhão e forma para o trabalho em comum.

O catequista se sente na paróquia como em sua própria casa, trabalha em família. "Ser catequista é um estado que exige uma prática relacional muito intensa e diversificada com os catequizandos, sua família, o pároco, o grupo de ca-

---

[11] PAGLIA, Vincenzo. *La Bibbia nella Chiesa.* San Paulo: Cinisello Balsamo, 2008. p. 74.

[12] CNBB, *Formação de catequistas*, n. 46.

tequistas, e as outras equipes de pastoral."[13] Isso significa que o catequista participa de uma vida eclesial intensa que às vezes pode cansar; por isso, é preciso que ele tenha tempo e disponibilidade mais do que os outros agentes e, mais do que isso, uma sólida espiritualidade de comunhão.

Esta dimensão lembra também um dos elementos mais importantes da catequese na educação da fé: a *pertença* à Igreja. Ser Igreja, se sentir Igreja, amar a Igreja e ser capaz de transmitir este gosto. A catequese, sobretudo a crismal e com adultos, deve levar a este sentimento de pertença que conduz à identidade católica: os catequizandos não só sentem esta necessidade, mas eles têm este direito! O catequista ama a sua Igreja e transmite o gosto por ela, e sabe perdoar suas falhas e pecados!

Mariana: Maria é o exemplo mais acabado de quem acolhe a Palavra e nela acredita (Lc 1,45), que sabe interpretar os acontecimentos de sua vida, não sempre fáceis, à luz da fé (Lc 2,19.51; Jo 19,25). Nesse sentido, Maria é "mãe e modelo dos catequistas", pois, no dizer de Santo Agostinho, "Ela foi Mãe e ao mesmo tempo discípula".[14] O catequista deve sentir Maria sempre presente em sua vida de educador da fé. Assim como ela acompanhou os primeiros passos de Jesus e o preparou para a missão, e acompanhou também os primeiros passos da Igreja nascente (At 1,14), Maria acompanha hoje os catequistas que ensinam os primeiros passos da fé aos catequizandos.

Mas a devoção a Maria deve ter uma dimensão cristocêntrica. São conhecidas as palavras de Maria no episódio das bodas de Caná: "Façam o que ele vos disser!" (Jo 2,5). Aliás, o próprio Pai, na transfiguração de Jesus, pede aos três apóstolos: "Escutem o que ele diz!" (Lc 9,35).

---

[13] LABEYRIE, Jean-Berard. La vie spirituelle du catéchiste. *Catéchèse*, n. 131/132, 2-3/1993, p. 110.

[14] *Sermão* 25,7. PL 46,937-938.

Como Maria, o catequista sente necessidade de meditar sempre em seu coração as verdades de vida contidas no Evangelho e, assim, dar solidez à sua espiritualidade.

Solidária: o Evangelho é o anúncio da salvação integral aos pobres (Lc 4,18-20). A catequese deve despertar à participação para a construção de um mundo mais justo e mais humano. O Papa Bento XVI lembra que a "evangelização vai unida sempre à promoção humana e à autêntica libertação cristã", e acrescenta: "A vida cristã não se expressa somente nas virtudes pessoais, mas também nas virtudes sociais e políticas".[15] Esta solidariedade deve levar a uma sensibilidade, sobretudo, para com os mais pobres e excluídos. A catequese é também um ministério que se coloca a serviço da vida, criando e confirmando valores evangélicos e humanos que sejam fermento na sociedade.

Espiritualidade sólida, baseada na Palavra de Deus, na plena comunhão com a comunidade e na solidariedade com os mais necessitados; é esta mística que desperta no catequista e em seus catequizandos a fome e sede de Deus-Pai e a paixão por Jesus.

A vida do catequista, feita de oração, intensa vida sacramental e paixão por Jesus e a sua Igreja, se torna para os catequizandos um lugar privilegiado de encontro com Jesus Cristo. Ele será assim um sinal pessoal e atrativo de Cristo para os catequizandos, pois eles precisam mais de testemunhas do que de mestres; e mesmo se o catequista é um mestre, o é em função de dar testemunho de Jesus com a sua vida.[16] Pelo exemplo e pelo testemunho que o catequista dá, a doutrina que ele ensina se faz vida.

---

[15] Bento XVI. Discurso Inaugural da V Conferência Geral do Episcopado Latino-Americano e do Caribe, n. 3, quando o Papa lembra a necessidade de "uma catequese social e uma adequada formação na doutrina social da Igreja", pois "a vida cristã não se expressa somente nas virtudes pessoais, mas também nas virtudes sociais e políticas".

[16] Cf. EN, n. 41.

A catequese paroquial saberá envolver seus catequizandos, de todas as idades, nas atividades sociais e de solidariedade, que são a forma com que a paróquia exerce e organiza a caridade.

6
A formação do catequista

Nunca se insistiu tanto na formação como em nossos dias, caracterizados não somente como época de mudança, mas também como mudança de época. Um dos elementos fundamentais para acompanhar este fenômeno é justamente estar a par dos acontecimentos e das exigências que eles impõem para uma sua justa compreensão.

As exigências da formação do catequista decorrem do sentido da catequese e da função que ela tem no processo de evangelização. A "Catequese é uma educação da fé das crianças, dos jovens e dos adultos, a qual compreende especialmente um ensino da doutrina cristã, dado em geral de maneira orgânica e sistemática com o fim de iniciá-los na plenitude da vida cristã".[1] Missão essencial para a Igreja, pois está em jogo a sua existência.

Que a formação do catequista nem sempre ocupe, de fato, as preocupações dos responsáveis pela formação é um fato infelizmente bem conhecido, e uma prova disso são os inúmeros apelos de vários documentos a intensificar os esforços neste sentido.[2]

---

[1] CT, n. 18.

[2] Para uma visão mais completa dos vários apelos nos documentos da Igreja, em relação à formação dos catequistas, ver: NERY, Israel José. Formação de catequistas: uma urgência no Brasil. *Revista de Catequese*, ano 31, n. 121, pp. 6-18, jan./mar. 2008.

No capítulo precedente falamos da pessoa do catequista, da sua formação pessoal, cuidando, antes de tudo, do "ser" catequista, insistindo na necessidade de que ele seja uma pessoa realizada na sua vocação batismal. O elemento principal deste "ser" do catequista é a sua espiritualidade.

Neste capítulo passamos a falar do "saber" e do "saber fazer" do catequista, como complemento da sua formação, com a convicção de que o momento exige do catequista e dos evangelizadores em geral "preparo, qualificação e atualização".[3] Vivemos numa época de mudanças vertiginosas e, para acompanhar esta cultura, a formação se tornou algo essencial. Sabemos o quanto as empresas investem na formação de seus quadros, pois hoje a qualificação é uma dimensão essencial da profissão e dos negócios. O mesmo não pode ser dito da Igreja; muitas vezes trabalhamos sem qualificação, sem projetos que estabeleçam metas e meios. Somos marreteiros!

O Concílio Vaticano II já falava de formação permanente dos catequistas, pedindo que se fizessem cursos "em que possam renovar-se de tempos em tempos nas disciplinas e artes úteis ao seu ministério".[4] Podemos aplicar aqui aquilo que o Concílio diz do ensino entendido como vocação que exige especiais qualidades de inteligência e coração.[5] O *Diretório Geral para a Catequese* fala de uma "prioridade absoluta".[6]

O pároco, mais do que ninguém, sabe que a Palavra de Deus é essencial na missão pastoral; semear a Palavra constitui a sua preocupação e ocupação constante e, neste sentido, a catequese está num terreno privilegiado. Investir na catequese e saber aproveitar da ação catequética significa imprimir dinamismo no conjunto da pastoral. É inegável que uma catequese bem organizada, em todos os seus níveis, é fonte de vida espiritual para a paróquia, porque ela se

---

[3] DNC, n. 252.

[4] AG, n. 17c.

[5] GE, n. 5.

[6] DGC, n. 234.

beneficia de um contato privilegiado com a Palavra de Deus que a catequese anuncia, ensina a ler, a interpretar e a viver.

A preocupação da Igreja com a formação dos catequistas

No processo formativo, é preciso repensar a figura do catequista, pois pouco pode ser feito sem desenvolver, alimentar e motivar a formação daquele que a Igreja chama para ser o educador da fé de seus próprios membros.

A este propósito, o Papa João Paulo II já afirmava, sem meio-termo: "A Igreja... é convidada por Deus e pelos acontecimentos, que são tantos outros apelos da parte de Deus... a consagrar à catequese os seus melhores recursos de pessoal e de energias, sem poupar esforços, trabalhos e meios materiais, a fim de organizá-la melhor e de formar, para a mesma, pessoas qualificadas".[7]

O *Diretório Geral para a Catequese* nos lembra que: "Qualquer atividade pastoral que não conte, para a sua realização, com pessoas realmente formadas e preparadas coloca em risco a sua qualidade".[8] Por isso, podemos afirmar, sem receio, que um catequista despreparado é um grande prejuízo para a paróquia e para a Igreja.

O principal agente e o primeiro responsável da formação dos catequistas é o pároco. Ainda que o bispo seja o primeiro catequista,[9] o animador da catequese comunitária é o pároco, que deve dedicar seus maiores esforços à formação e à animação espiritual dos catequistas, pois ele é "o catequista dos catequistas".[10]

O Concílio Vaticano II, entre as tarefas educativas da Igreja, coloca em primeiro lugar a catequese: "que dá luz e força à fé, nutre a vida segundo o espírito de Cristo, leva a uma participação consciente e ativa ao mistério

---

[7] CT, n. 15.

[8] DGC, n. 234.

[9] Cf. CD n. 14; CT, n. 64.

[10] DGC, n. 225; cf. CT, n. 65.

litúrgico".[11] Daí a necessidade de uma sólida preparação dos catequistas,[12] que, de modo imediato, é um dever do pároco.

Caso se afirme que a catequese é uma ação básica da Igreja e um serviço essencial e insubstituível,[13] compreende-se como decisiva a formação dos catequistas para a ação evangelizadora da Igreja.

Na evangelização o primeiro anúncio tem absoluta necessidade da catequese, pois sem ela não há consolidação da fé suscitada pelo querigma nem consolidação da vida eclesial: sem catequese não se constrói a Igreja.

Quando se fala de formação do catequista, não se entende somente a participação em cursos e palestras. A formação é algo mais, que deve acompanhar o catequista ao longo do seu ministério e diz respeito a todas as dimensões da vida do catequista, justamente pela função que ele tem dentro da comunidade eclesial. A formação permanente é para sustentar a sua espiritualidade e competência.

Mas é necessário que o catequista, além de destinatário da formação, seja também sujeito; procure por si mesmo meios de se formar sempre mais e melhor neste ministério tão carregado de responsabilidade, mas também de satisfação. Não se acomode a um conhecimento básico, a um ensinamento repetitivo. Saiba ainda que a própria ação catequética, desenvolvida com atenção e generosa dedicação, é um precioso meio de formação, pois, instruindo os outros, acabamos por instruir a nós mesmos. E este é um grande ganho para a paróquia e para a Igreja!

Alguns aspectos importantes da formação do catequista

"A formação do catequista se realiza no contexto eclesial, pois o catequista é, antes de mais nada, membro da

---

[11] GE, n. 829.

[12] CD, n. 603.

[13] CD, n. 219a; cf. PO, n. 1259.

Igreja, testemunha da fé e enviado por ela para anunciar a mensagem evangelizadora."[14] A formação do catequista está intimamente ligada à catequese como educação da fé pela importância que tem para identidade cristã e católica, que, no nosso contexto de pluralismo e relativismo religioso, deve ser sólida e consciente.

Se o ponto de partida da atual catequese deve ser o modelo catecumenal, que "implica uma educação da fé que leve a um encontro vivo com Jesus Cristo através do testemunho do catequista e da comunidade, da leitura orante da Palavra de Deus, da experiência litúrgica e do aprofundamento na doutrina evangélica e do uso da Bíblia como texto por excelência da educação da fé",[15] também na formação do catequista tem de vigorar o modelo catecumenal. Isso significa que a catequese não precisa ser considerada somente ensino, mas também ter uma dimensão mistagógica, como introdução e interiorização dos mistérios da fé.

Esta dimensão catecumenal é fundamental para que o catequista, uma vez convertido e evangelizado, se torne ele mesmo discípulo e missionário, e com o seu forte testemunho seja exemplo para os catequizandos se tornarem discípulos e missionários.

Na formação dos catequistas devem-se considerar os diversos níveis: a *formação inicial* e a *permanente*. A inicial tem seu lugar na própria comunidade paroquial, apresentando como primeiro responsável o pároco. Nesta primeira fase, o catequista escuta o chamado de Deus, cresce e madurece na fé através da oração, da leitura e meditação da Palavra de Deus, e também da progressiva inserção na vida da comunidade paroquial e na prática pastoral. Capacita-se à tarefa de catequista com o conhecimento da sua vocação, identidade e missão, com a comunhão dentro do grupo de catequistas.

---

[14]   CELAM. *A caminho de um novo paradigma para a catequese.* III Semana Latino-Americana de Catequese. Brasília: CNBB, 2008. p. 37.

[15]   Ibid.

Formação básica

É um fato que a pouca formação da maioria dos catequistas "se deva à falta de oportunidade, tais como escolas, cursos e formadores";[16] daí a responsabilidade do pároco na formação básica de seus catequistas.

Uma vez constituído o grupo de catequistas, faça-se um planejamento da formação, que deve começar pelo básico da catequese, o *Catecismo da Igreja Católica*, nas suas quatro tradicionais partes: a *profissão de fé* – *Creio* (a fé crida), os *dez mandamentos* (a fé vivida), os *sete sacramentos* (a fé celebrada), a *oração do Pai-Nosso* (a fé rezada). O *Diretório Geral para a Catequese* lembra que o Catecismo será a referência doutrinal fundamental de toda a formação, juntamente com o catecismo da própria Igreja particular ou local.[17] O uso do catecismo oferece a vantagem de uma formação orgânica e sistemática. Esta formação básica visa firmar o núcleo do conteúdo da catequese.

Outro momento é constituído pela formação bíblica, a ferramenta mais importante da ação catequética. Resulta claro que a Bíblia é o livro por excelência, não um simples subsídio. É imprescindível que os catequistas em formação tenham "um contato assíduo com os próprios textos sagrados", lidos e compreendidos "com o coração e a inteligência da Igreja".[18]

A propósito deste nível de formação, o *Diretório Nacional de Catequese* lembra: "A maior preocupação da formação inicial é preparar basicamente o catequista com o conhecimento da pessoa humana, do contexto sociocultural, da pedagogia da fé e da mensagem cristã".[19] Ele deve conhecer o ser humano nas diversas etapas de seu desenvolvimento, pois cada etapa (criança, adolescente, jovem, adulto) tem suas exigências que devem ser satisfeitas para que sejam atendidas as aspirações humanas e religiosas.

---

[16] Ibid., p. 42.

[17] Cf. DGC, n. 240.

[18] CT, n. 27.

[19] DNC, n. 291.

A formação dos catequistas não deve permanecer somente no nível intelectual, como armazenamento de informações, mas sim conduzir ao encontro com o Senhor, encontro que passa, necessariamente, pela experiência comunitária, a qual "conduz à escuta da Palavra, à liturgia bem celebrada e ao compromisso social".[20]

Devido à conhecida rotatividade de catequistas, a formação básica deve ser retomada com frequência nas paróquias para garantir um atendimento inicial aos novos catequistas que vão chegando.

Nesta fase da formação, tenha-se cuidado nas três dimensões da catequese: o "ser", o "saber" e o "saber fazer" do catequista.[21]

Formação permanente

É mais do que evidente que a formação é um processo de crescimento, um longo caminho no qual o princípio "aprender fazendo" adquire toda sua validade; daí a importância decisiva do segundo nível, a *formação permanente*, não sempre fácil de organizar. Ela deve ser considerada uma necessidade fundamental, até o ponto de dispensar um catequista que não mostrar disponibilidade para isso. Este segundo nível é ainda de responsabilidade do pároco, mas deve contar com a ajuda das outras instâncias diocesanas da catequese.

É próprio desta segunda fase da formação o aprofundamento do estudo e uma experiência maior da Palavra de Deus, da dimensão social libertadora da catequese e da relação catequese-liturgia, pois a catequese conduz à liturgia – meta e fonte da vida eclesial[22] – e a liturgia se torna catequese.

No momento, a formação catequética é uma "necessidade absoluta", lembra o *Diretório Geral para a Catequese*, pois "qualquer atividade pastoral que não conte, para a sua

---

[20]   CELAM. *A caminho de um novo paradigma para a catequese*, cit., p. 45.

[21]   Cf. DGC, n. 238ss, e DNC, n. 261ss.

[22]   SC, n. 10.

realização, com pessoas realmente formadas e preparadas, coloca em risco sua qualidade".[23] E é bom lembrar: em catequese trata-se da qualidade da fé. A formação permanente permite ao catequista "avançar para águas mais profundas" (Lc 5,4); por isso, é preciso que as paróquias e as dioceses tenham escolas de catequese.

Como a evangelização esteve sempre unida à promoção humana e à autêntica libertação cristã, pois o amor a Deus e o amor ao próximo se fundem entre si, faz-se indispensável uma formação para uma catequese social, o que comporta um adequado conhecimento da Doutrina Social da Igreja.[24]

Deus coloca nas mãos dos catequistas o destino de sua palavra e a fé dos catequizandos, preparando assim o futuro da Igreja. Tempos novos exigem catequistas novos e tempos desafiadores exigem catequistas preparados. Num mundo de dúvidas e incertezas, onde tudo é relativo e provisório, o catequista deve ter e apresentar as certezas do amor de Deus e da fé, para poder responder às "lacunas e vazio da chamada pós-modernidade".[25]

O papel do pároco no processo de formação do catequista

É sabido que das faculdades de teologia não saem padres "pastores". A experiência nos mostra isso, mas também uma avaliação objetiva do próprio currículo teológico. Basta considerar a importância dada a algumas disciplinas próprias do padre-pastor, tais como a pastoral e a catequética.

Com certeza, cerca de 90% do tempo que ocupamos na vida pastoral é dedicada à atividade sacramental e catequética nas suas diversas formas. Ora, quantas horas-aula são dedicadas a estas duas disciplinas nas faculdades de teologia? Sem considerar que em várias faculdades nem consta a pastoral catequética!

---

[23] DGC, n. 234.

[24] DI, n. 3.

[25] MINGUET MICÓ, José. *Espiritualidade do catequista*, cit., p. 33.

O *Documento de Aparecida* fala de "conversão pastoral", que exige "transformação das estruturas": uma das estruturas que deve ser transformada é justamente o plano de estudo dos futuros padres. Os bispos devem assumir isto com urgência e sem hesitação.

Sabemos que, apesar de tudo, na paróquia as coisas andam somente se o padre estiver motivado e preparado para a pastoral. Não é possível que, no momento em que se insiste tanto na formação dos leigos, sobretudo dos catequistas – pois deles depende o delicado processo de educação da fé –, os próprios padres ignorem o mundo da catequese, em torno do qual gira toda a vida paroquial.

Não é por acaso que o Catecismo de Trento, o primeiro oficial na história da Igreja, é destinado aos párocos, especialmente aos que não fossem suficientemente capacitados nas coisas mais difíceis da doutrina cristã.[26] Para que eles entendessem a finalidade dos trabalhos e preocupações pastorais, e para conseguirem alcançar este objetivo, o Catecismo lembra que todo o conhecimento do cristianismo consiste numa só coisa, assim como o próprio Jesus a expressou: "Esta é a vida eterna: que conheçam a ti, o único Deus verdadeiro, e a Jesus Cristo, aquele que tu enviaste" (Jo 17,3). Daí resulta que a obra principal dos párocos e dos que ensinam consiste "em fazer com que os fiéis desejem conhecer ardentemente Jesus Cristo".[27] O Catecismo faz um apelo explícito à formação e à competência, pois: "Não basta que os pastores tenham em mente estas finalidades, mas é preciso que se adaptem à capacidade de todos".[28]

Requisito importante é criar na paróquia um ambiente amoroso e estimulante, em que o desenvolvimento da fé se torne possibilidade concreta, tanto para o catequizando quanto para o próprio catequista.

O *Catecismo da Igreja Católica* faz uma observação importante a respeito da catequese na história da Igreja, que

---

[26] *Catecismo Romano*, n. 9.

[27] Ibid., n. 10.

[28] Ibid., n. 11.

pode ser aplicada muito bem à paróquia: "A catequese anda intimamente ligada com toda a vida da Igreja... Os períodos de renovação da Igreja são também tempos fortes da catequese".[29] O *Documento de Aparecida* chega a falar da necessidade de "renovar as estruturas" e de "permanente conversão pastoral" da mentalidade e da paróquia, para que o anúncio e a educação da fé tornem a ser prioritários na ação pastoral.[30]

Além da formação dos catequistas, o pároco deve se preocupar também com os formadores de catequistas de sua paróquia. Para tanto, é preciso que acompanhe a formação permanente, forneça os subsídios necessários e encaminhe os que tiverem mais disposição para um instituto diocesano ou para a faculdade de teologia. O investimento na formação dos agentes de pastoral, sobretudo dos catequistas, pela delicada tarefa de educar na fé, deve ser prioritário na organização da paróquia.

O pároco como organizador da catequese paroquial

Comentando a definição que o Concílio Vaticano II deu dos sacerdotes como "educadores da fé",[31] o Papa João Paulo II pediu: "A Igreja espera de vós que nada havereis de descurar em vista de uma atividade catequética bem estruturada e bem orientada".[32]

É essencial que os párocos organizem a formação dos catequistas em suas paróquias, independentemente da formação que a Diocese oferece, pois a formação básica é de sua competência e o acompanhamento da formação permanente é de sua responsabilidade. Além desta formação, que parte do Catecismo da Igreja Católica, os párocos devem garantir uma formação permanente mais aprimorada e profunda, que envolva questões doutrinárias, bíblicas, pedagógicas, metodológicas, sociais etc., pois a paróquia é

---

[29] CIC, n. 7-8; cf. CT, n. 13.

[30] DAp, n. 366, 368, 370.

[31] PO, n. 6.

[32] CT, n. 65.

"o enquadramento concreto onde agem habitualmente" os catequistas e "deve permanecer a animadora da catequese e o seu lugar privilegiado".[33]

É necessário que os párocos cuidem também da vida espiritual dos catequistas, a qual se alimente da oração, da leitura e meditação da Palavra; uma vida sacramental e comunitária. A leitura e a meditação da Palavra de Deus permanecem, de fato, como fontes indispensáveis de renovação e conversão, e o papel do pároco será sempre o de ajudar a descobrir toda esta riqueza.

Não pode faltar o retiro espiritual anual específico para catequistas. É fundamental para a ação catequética e um direito-dever de todo catequista.

Atenção especial deve ser dada à experiência de oração pessoal e comunitária do catequista, pois ele é chamado a educar os catequizandos na oração, a fornecer-lhes – por que não? – instrumentos e técnicas de oração. Isso supõe uma intimidade entre o catequista e a oração, para o qual esta deve ser uma atitude de espírito, o alimento cotidiano, pois, mais do que ensinar, o catequista deve *testemunhar* a necessidade e o gosto pela oração.

O pároco cuide para que os catequistas estejam presentes, mais dos que os outros agentes de pastoral, na vida da comunidade paroquial, por causa de seu ministério de educadores da fé dos membros da própria comunidade eclesial. Não podem ser admitidos catequistas que aparecem na comunidade somente para ministrar suas "aulas" de catequese.

Além destas disposições, deve-se ter claro que catequistas que não participam das formações não têm condições de continuar em seu ministério. É bom lembrar aquilo que já foi dito aos catequistas: "Ser catequista é um estado que exige uma prática relacional muito intensa e diversificada com os catequizandos, suas famílias, o pároco, o grupo de

---

[33] CT, n. 76.

catequistas e as outras equipes de pastoral".[34] Isso significa que o catequista participa de uma vida eclesial intensa, que às vezes pode cansar; portanto, é preciso que ele tenha tempo e disponibilidade mais do que os outros agentes e, além disso, uma sólida espiritualidade de comunhão.

O pároco ofereça todas as oportunidades, mas seja exigente e não hesite em substituir aqueles catequistas que não oferecem confiabilidade a este propósito.

De grande ajuda nesta articulação é, sem dúvida, a coordenação paroquial de catequese. O pároco tenha contato constante com o coordenador de catequese que, no período de seu ministério de coordenação, não possua turma de catequizandos. E não tenha medo de fazer uma avaliação anual sobre o desempenho de cada um de seus catequistas!

A paróquia merece uma catequese aprimorada, e a Igreja o exige.[35] O pároco é a "alma" da catequese, pois ele é o *catequista dos catequistas*, como já foi lembrado.[36]

Tudo isso exige uma clara e urgente opção pela pastoral orgânica. A articulação da pastoral se faz necessária para um trabalho em conjunto que tire as pastorais de seu isolamento, sinal de "egoísmo pastoral" mais preocupado com seu próprio desempenho do que com a evangelização, objetivo de toda pastoral.

A pastoral orgânica é útil porque resulta numa concentração de esforços e, por conseguinte, evita desperdícios desgastantes que só geram frustração no trabalho pastoral. Os catequistas, entre todos os agentes de pastoral, devem ter e manter uma visão de conjunto, pois sua ação é essencialmente abrangente, no sentido de que não basta atingir os catequizandos (crianças, adolescentes, jovens, adultos), sem levar em conta a pastoral dos sacramentos em seu conjunto, a pastoral familiar, da juventude etc. Numa palavra, os catequistas devem superar a visão parcial para inserir

---

[34] LABEYRIE, Jean-Berard. La vie spirituelle du catéchiste. *Catéchèse*, n. 131/132, 2-3/1993, p. 110.

[35] Cf. CT, n. 65.

[36] DGC, n. 255.

sua ação catequética na complexidade do processo de evangelização da paróquia.

Neste processo orgânico, os catequistas devem ter presente que os sacramentos da iniciação cristã (Batismo, Confirmação, Eucaristia) exprimem em conjunto a identidade do discípulo de Cristo. Sem esta preocupação, nunca serão superadas a fragmentação e a desarticulação da pastoral, que só provocam prejuízos à evangelização.

O catequista como primeiro colaborador do pároco

O pároco acompanhe diretamente e de perto os catequistas, pois o trabalho deles, como processo de educação e maturidade da fé, acompanha todo o seu ministério. Eles são os colaboradores imediatos do pároco, os mais preciosos, pois são os educadores da fé. Toda ação pastoral do pároco pode ser destruída por uma catequese inadequada e inconsistente. A educação da fé dos paroquianos, sobretudo das novas gerações e dos adultos afastados que voltam à catequese, mais do que pela ação do padre, passa pela ação do catequista. É a catequese que transmite certo tipo de fé, certa imagem de Deus e da Igreja, certa concepção de religião que pode centrar-se na pessoa de Jesus Cristo ou no devocionismo que não se compromete com nada nem com ninguém. O pároco deve saber imprimir a marca de uma evangelização que a Igreja hoje exige, pois seria inútil todo trabalho pastoral que não levasse à maturidade cristã. Vale aqui a garantia afirmada aos bispos pelo Papa João Paulo II: "Podeis ter certeza disto: 'Se a catequese for benfeita nas vossas Igrejas locais, tudo o mais será feito com maior facilidade'".[37] Aqui se aplica o ditado: uma boa paróquia é resultado de uma boa catequese.

A catequese na Igreja, além de ser considerada um dever, é também um direito: todo batizado tem direito imprescindível a uma catequese que o leve à maturidade da fé. E o pároco deve garantir que este direito seja cumprido da forma mais fiel, para que, além de tudo, os catequizandos possam afirmar sua

---

[37] CT, n. 64.

identidade cristã no meio de um pluralismo e relativismo religioso em que não se sabe mais quem é quem. Por isso, "a preocupação de promover uma catequese viva e eficaz não ceda nada ante qualquer outra preocupação, seja ela qual for".[38]

Atenção à pessoa do catequista

O pároco constitui o grupo de seus catequistas olhando para a pessoa deles. Não existe o catequista perfeito, mas o catequista que se faz ao longo do processo de formação e da prática catequética, sim. Este é o catequista ideal. Por isso, cuide que o catequista tenha a preocupação de crescer e amadurecer sempre na fé, na espiritualidade e na formação. A espiritualidade não apenas no momento de oração, mas a espiritualidade que consiste na certeza de que Deus caminha conosco.

Que tenha uma experiência pessoal de Deus que se manifesta por uma vida de intensa oração e por uma vida sacramental constante. Somente esta experiência pessoal de Deus, esta mística, pode ser a base do testemunho do catequista, pedagogo da fé, mais do que o seu ensino abstrato.

Educar na fé significa levar as pessoas a fazer a maravilhosa experiência do amor pessoal de Deus, que é o resultado de um encontro pessoal. Isso significa que o catequista é chamado a ter uma parte ativa na obra de salvação que Deus confiou à Igreja.

O coração da catequese é Jesus; por isso, a catequese é um ato de comunicação da Boa-Nova de Jesus, em que a pessoa do catequista é mais essencial que o livro usado pelo catequista.

Eis aqui algumas orientações que devem nortear a escolha e, mais ainda, a formação do catequista, as quais exigem atenção às qualidades e à pluralidade da sua vocação.

O catequista deve ter ou precisa desenvolver algumas qualidades, em diversos níveis, sem as quais ele não pode realizar o trabalho de educador da fé dentro da comunidade, uma vez que são sinais de sua vocação. Estas qualidades, na *dimensão pessoal, pastoral, sociopolítico e cultural*, estão

---

[38] Ibid.

bem apresentadas no Estudo 59 da CNBB e no *Diretório Nacional de Catequese*.[39]

Na escolha do catequista, deve ser levada em conta também a pluralidade da sua vocação com crianças, adolescentes, jovens, adultos, grupos especiais. A psicologia e a visão do mundo dos catequizandos não são as mesmas e, por conseguinte, a linguagem e a metodologia têm de ser diferentes. Os catequistas, "servos de Cristo e administradores dos mistérios de Deus" (1Cor 4,1), buscarão todos os meios para que a mensagem de Jesus chegue aos corações.

O grupo de catequistas como espaço de formação

O catequista não age sozinho. A garantia de formação permanente do catequista pode ser, sem dúvida, o grupo de catequistas, um dos espaços privilegiados de formação. É nele que o catequista pode crescer, relacionar-se, animar-se, perder o medo e a insegurança na partilha de experiências, rever seus métodos e sentir-se Igreja, pois: "O grupo de catequistas expressa mais visivelmente o caráter comunitário da tarefa catequética".[40]

A catequese deve ser organizada, planejada, avaliada no e pelo grupo de catequistas. Mas o grupo de catequistas "não é só questão de técnica... Os catequistas formam no grupo uma pequena comunidade, não só por motivos humanos, ou por busca de segurança afetiva ou social, mas porque creem num Deus-Amor, num Deus-Comunicação. O grupo de catequistas quer realizar o ideal comunitário da catequese".[41] Nele o catequista experimenta a eclesialidade da sua ação.

Não é necessário dizer o quanto é importante a presença do pároco no grupo de catequistas, para animar e orientar a caminhada com seu apoio afetivo e efetivo.

---

[39] CNBB. *Formação de catequistas*, n. 49-53; DNC, n. 261-268.

[40] CR, n. 151.

[41] CNBB. *Formação de catequistas*, n. 73.

Identidade do catequista

A identidade do catequista vem daquilo que ele realiza dentro da ação evangelizadora. A catequese, então, pode ser sintetizada da seguinte forma:

A catequese *"é sempre iniciação ordenada e sistemática à revelação que Deus mesmo faz ao homem em Jesus Cristo, revelação conservada na memória profunda da Igreja e da Sagrada escritura".*[42]

Dentro do processo de evangelização, do qual é o segundo momento, a catequese "corresponde ao período em que se estrutura a conversão a Jesus Cristo, dando fundamento a esta primeira adesão".[43] O catequista "é como o mestre básico da fé que proporciona a primeira educação integral da fé, a mais elementar, porém a mais duradoura".[44] Nesta tarefa de educador da fé está a grandeza do catequista. Mas é justamente isto que não está sendo trabalhado pela nossa catequese, o que é de suma gravidade, pois, sem a conversão, não acontece a adesão a Jesus Cristo e, sem esta, o catecúmeno nunca se tornará discípulo. Isso, infelizmente, acontece porque nossa catequese não é querigmática, o que não consente um fundamento sólido da adesão a Jesus.

Nesta tarefa de educador da fé, indispensável para a Igreja, em síntese, quem é o catequista? Não é raro o catequista confundir os papéis, substituir-se aos pais – tratando-se de catequese com crianças e adolescentes – ou se apresentar como um super-herói que faz de tudo para ser o tudo. Por isso, é bom começar a dizer o que o catequista não é, para depois conversar sobre o que é, ou pode ser.[45]

---

[42] CT, n. 22.

[43] DGC, n. 63.

[44] RECALDE, Ricardo Lázaro; PEDROSA ARÉS, Vicente Maria. O catequista. *Dicionário de Catequética*. São Paulo: Paulus, 2004. p. 197.

[45] Cf. VOGLINO, Ferruccio. *Anche io, catequista!* Leumann-Torino: Ed. Elle Di Ci, 2003. pp. 32-33.

O que o catequista não é...

- *Um simples repetidor* de coisas aprendidas ou lidas no livro-subsídio de catequese; e isso, mesmo que a catequese comporte o ensino. O catequista sabe ir além da lição para oferecer o testemunho de sua própria vida de fé e usar de uma pedagogia particular da catequese.

- *Um moralista* que está à espreita para julgar e punir os catequizandos, sobretudo, crianças e adolescentes. Ele sabe prevenir, corrigir e orientar.

- *Um companheiro* que se põe no mesmo nível dos catequizandos. O catequista sabe ser familiar, afável, amigo, mas sempre um adulto, pois, especialmente as crianças e os adolescentes, precisam ter ao seu lado um adulto.

- *Um parente de mentirinha* que se comporta como uma tia, uma avó. Sem perder o carinho e a afetividade, o catequista sabe distinguir os papéis.

- *Alguém que sabe tudo*, querendo parecer aquilo que não é. Não tem de dar resposta imediata a todas as perguntas que o catequizando fizer. É melhor responder num segundo momento, depois de ter verificado, pesquisado, perguntado, ao se aventurar em respostas equivocadas, sobretudo em questões de fé. Lembre-se de que o catequista-educador da fé não se pode permitir trabalhar "achando que" ou "pensando que". Sobre questões de fé, nada de "achismo" e nada de "achologia"!

- *Alguém que todo mundo pode ser*. Penso aqui a figura do catequista "mirim" ou do "mini" catequista, que se encontra em algumas paróquias. Trata-se, sem dúvida, de um equívoco a ser evitado. O catequista é um educador da fé, um pedagogo, um orientador no caminho que leva o catequizando a se encontrar com Cristo e a se tornar seu discípulo, o que exige maturidade em todos os níveis. O catequista é um adulto na fé.

O que o catequista é...

Tendo claro que o catequista é, fundamentalmente, um *educador da fé,* aquele que *conduz,* na fé da comunidade eclesial, quando a circunstância o requer, ele é:

- *Testemunha* de Jesus Cristo e da sua Igreja: afirma a sua fé em Jesus e conta o que faz para mostrar o seu amor por ele. O catequista, mais do que ensinar uma doutrina, testemunha e participa de um mistério, o mistério da pessoa de Jesus, que ele comunica aos catequizandos com amor.

- *Mestre* que explica, com simplicidade e paciência, uma palavra, uma festa, uma verdade da nossa fé. O Papa João Paulo II, a este propósito, dizia: "Somente Cristo ensina; qualquer outro que ensine, fá-lo na medida em que é seu porta-voz, permitindo a Cristo ensinar pela sua boca".[46]

- Um *confidente* que sabe escutar com paciência e carinho os "problemas" pessoais e familiares, acompanhando, aconselhando, ajudando com muita discrição, sem emitir julgamento, sobretudo sobre os pais, tratando-se de catequese com crianças. Uma relação de confiança e de admiração entre o catequista e o catequizando já é um momento catequético de grande importância na vida do catequizando, pois o testemunho continua sendo um elemento fundamental na ação evangelizadora.

- *Amigo adulto* que sabe orientar, exigir, e mostra que faz parte do "grupo" também; de um grupo onde todos respondem ao chamado de Jesus, fazendo de tudo para se tornarem seus discípulos.

- *Pessoa de oração* que passa esta experiência aos catequizandos, tornando a oração também o momento principal do encontro de catequese, para que eles sintam de fato que: "Onde dois ou três estiverem reunidos no meu nome, eu estarei no meio deles" (Mt 18,20).

---

[46] CT, n. 6.

O objetivo de tudo isso é aprofundar a adesão a Jesus Cristo, que "molda" progressivamente a personalidade do cristão para ter:[47]

- *consciência filial* que reconhece Deus como Pai e o torna capaz de mergulhar no seu amor: "Não fomos nós que amamos a Deus, mas foi ele que nos amou primeiro" (1Jo 4,10), pois nos deu a prova de seu amor ao "sermos chamados filhos de Deus. E nós de fato o somos!" (1Jo 3,1). Sobre esta bela e consoladora constatação, Santo Agostinho medita: "Nós não o amamos por primeiro: ele nos amou para que nós o amássemos";[48]

- *consciência fraterna* que nos faz reconhecer em cada pessoa o dom de um irmão. Do dom da filiação brota a fraternidade universal, cujo anseio nunca foi tão agudo como hoje;

- *consciência eclesial* como sinal de pertença à Igreja "família de Deus". Esta tarefa é, sobretudo, da catequese crismal e com adultos, e é um sinal da maturidade cristã. Esta exigência supõe uma educação à celebração da vida e da fé em comunidade e a decisão para o Reino. Na catequese com adulto isso se traduz no envolvimento na vida de comunidade com responsabilidades assumidas segundo a aptidão de cada um;

- profunda *preocupação social* que o faz sensível diante da exclusão que gera sofrimento. É este o campo social da catequese, sobretudo crismal e com adultos, no qual se exerce a caridade;

- *olhar esperançoso* sobre a Igreja e o mundo como novidade da vida no Espírito, que se traduz na capacidade de interpretar a vida e os acontecimentos da história à luz do Evangelho. Catequista deprimido, pessimista, não ajuda na educação da fé e não prepara para vida!

---

[47] Cf. CIONCHI, Giuseppe. *Catechisti oggi*. Leumann-Torino: Ed. Elle Di Ci, 1999. p. 142-144.

[48] SANTO AGOSTINHO. *Meditazioni sulla lettera dell'amore de san Giovanni*, Omelia 7, 9, p. 133.

Quem é o catequista ideal? É o catequista perfeito? Não, é aquele que está disposto a crescer sempre mais no amor a Jesus e no conhecimento da mensagem e da missão que a Igreja lhe entrega: a de educar seus membros na fé. O catequista perfeito, talvez, não exista, mas o catequista generoso e aberto, determinado a crescer no conhecimento e na graça de Deus, sim, existe.

É fácil compreender que, para os catequizandos, o primeiro livro de catecismo "aberto" é a vida de seu catequista, como testemunho vivo, alegre, generoso, esperançoso do amor de Deus e da Igreja, sacramento deste amor que "nos amou primeiro" (1Jo 4,10).

A alegria de ser catequista

Em primeiro lugar, parabéns por fazer parte de um grupo seleto de ministros que se relacionam diretamente com a Palavra, e que têm como missão a educação da fé da comunidade para que ela tenha condições de cumprir sua missão de anunciar o Evangelho. Por isso mesmo a catequese "é um serviço essencial e insubstituível".[49]

Quero transcrever aqui uma bela passagem da Carta Apostólica sobre a catequese do Papa João Paulo II, a respeito do trabalho do catequista e do reconhecimento e da gratidão da Igreja:

Desejo agradecer-vos em nome de toda a Igreja, também a vós catequistas paroquiais, leigos, homens e mulheres em maior número ainda, a vós todos que pelo mundo inteiro vos dedicastes à educação religiosa de numerosas gerações. A vossa atividade, muitas vezes humilde e escondida, mas realizada com zelo inflamado e generoso, é uma forma eminente de apostolado leigo, particularmente importante naquelas partes onde, por diversas razões, as crianças e os jovens não recebem no lar uma formação religiosa conveniente. Quantos somos, realmente, aqueles que recebemos de pessoas como vós as primeiras noções de catecismo e a preparação para o

---

[49] DGC, n. 2191.

sacramento da penitência, para a primeira Comunhão e para a Confirmação![50]

E, mais recentemente, os bispos reunidos no XII Sínodo em Roma, dedicado à Palavra de Deus, em sua mensagem assim agradecem o trabalho pastoral dos catequistas:

> Nosso olhar se volta com toda afeição para todos os estudiosos, os catequistas e a outros servidores da Palavra de Deus, para lhes expressar nossa intensa e cordial gratidão pelo seu precioso e importante ministério.[51]

A vocês, queridos catequistas, a Igreja confia a educação da fé de seus membros para que sejam capazes, uma vez evangelizados e apaixonados por Jesus, de ser seus discípulos e testemunhas.

Por isso, o *Documento de Aparecida* não poupou elogios ao trabalho imprescindível dos catequistas na Igreja:

> Aos catequistas, ministros da Palavra e animadores de comunidades que cumprem magnífica tarefa dentro da Igreja, os reconhecemos e animamos a continuarem o compromisso que adquiriram no Batismo e na Confirmação.[52]

É também com o trabalho de vocês que a Igreja se constrói! Por isso, devem estar à altura desta tarefa hoje ainda mais difícil, devido ao clima de indiferentismo, materialismo e relativismo religioso. Vocês são chamados a formar cristãos maduros, missionários generosos, testemunhas destemidas, o que lhes exige certas condições das quais a Igreja, absolutamente, não pode abrir mão. "E, em continuidade com ela, eu encorajo-vos a prosseguir na vossa colaboração para a vida da Igreja."[53]

Em primeiro lugar, uma sólida vida espiritual que se alimenta da oração constante, da leitura e meditação continuada da Palavra, da participação frequente à Eucaristia e

---

[50] CT, n. 66.

[51] Mensagem ao povo de Deus da XII Assembleia Geral Ordinária do Sínodo dos Bispos. Conclusão.

[52] DAp, n. 212.

[53] CT, n. 66.

ao sacramento da Reconciliação, da vida ativa na comunidade paroquial. Lembre-se de que, para o catequizando, a vida e o testemunho do catequista são mais importantes que o livro de catequese: o "ser" do catequista é mais importante que o seu "fazer"!

Não menos importante para o catequista é o seu cuidado com a indispensável formação. Formação básica que a paróquia deve oferecer; formação que outras instâncias da Diocese podem proporcionar; formação pessoal feita de leitura e aprofundamento constantes. Não se esqueça de que o seu trabalho só pode ser eficaz e legítimo dentro da Igreja quando é qualificado. Se uma das características da catequese é a sua dimensão permanente, isso vale, sobretudo, para o catequista. Além dessa formação específica, seria recomendável que o catequista frequentasse também um Instituto ou Faculdade de Teologia.

Se, porventura, a sua vida não lhe permite cuidar bem da sua formação, deixe de dar catequese. Faça outro trabalho, que não peça tanto de você; porém, não prejudique a formação da fé de seus irmãos catequizandos, que a Igreja confia à sua responsabilidade e competência. E faça isso com serenidade! Você vai se sentir satisfeito fazendo um trabalho mais ao seu alcance, e a comunidade fica mais tranquila.

A tarefa de educador da fé pertence a toda a comunidade, mas ela escolhe algumas pessoas para que façam isso com mais atenção e propriedade: você é um destes escolhidos, mas saiba que é uma tarefa que a Igreja lhe confiou. Você não é dono deste ministério, mas servidor. Catequista como educador da fé. A palavra *educador* vem do latim *educere*, "conduzir, acompanhar". O catequista, nesta sua tarefa dentro da comunidade, conduz os catequizandos a uma experiência de amor, pois sem esta experiência a catequese permanece somente uma informação, um ensino. Foi esta experiência que fez São Paulo exclamar: "Eu vivo, mas já não sou eu que vivo, pois é Cristo que vive em mim... me amou e se entregou por mim" (Gl 2,20).

Lembre-se também de que você não faz isso em seu próprio nome, mas em nome da Igreja e como a Igreja pede. E que você não é o único que goza desta confiança, pois a Igreja delega este ofício a um grupo: o *grupo dos catequistas*. "O grupo é o lugar onde o catequista começa sua formação e a vive plenamente... Participando do grupo o catequista já está em processo formativo."[54]

Já o documento *Catequese Renovada* pedia: "O catequista deve viver sua experiência cristã e sua missão dentro de grupo de catequistas, que dará continuidade à formação e oferecerá oportunidades para a oração em comum, a reflexão, a avaliação das tarefas realizadas, o planejamento e a preparação dos trabalhos futuros. Assim, o grupo de catequistas expressa mais visivelmente o caráter comunitário da tarefa catequética".[55]

Finalmente, diante dos diversos desafios que o nosso tempo apresenta à fé e à catequese, "não desanimemos no exercício deste ministério que recebemos da misericórdia divina" (2Cor 4,1). Não se esqueça de que o catequista é uma pessoa de esperança, positiva em relação a seus catequizandos e, por isso, equilibrada em sua visão da Igreja e do mundo, com uma imagem saudável de si mesmo; condição indispensável para poder apresentar uma imagem saudável de Deus.

O catequista se torna, assim, um "companheiro de viagem" de seus catequizandos, para se abrirem aos dons do Espírito, a fim de aprofundarem a adesão ao Ressuscitado c serem suas testemunhas generosas no mundo.

Ser catequista hoje

é uma aventura espiritual,

é uma missão eclesial,

é também uma alegria profunda

de testemunhar a esperança que está em nós.[56]

---

[54] CNBB. *Formação de catequistas*, n. 72.

[55] CR, n. 151.

[56] BLANC, Daniel. In: *Catéchèse*, n. 131-132, 2-3/1993, p. 131.

7
A pastoral catequética paroquial

Vamos relembrar a definição de catequese assim como foi enunciada pela *Catechesi Tradendae*: "É uma educação da fé das crianças, dos jovens e dos adultos, a qual compreende especialmente um ensino da doutrina cristã, dado em geral de maneira orgânica e sistemática com o fim de iniciá-los na plenitude da vida cristã".[1] Os termos *orgânica* e *sistemática* nos fazem entender a catequese como sendo um *processo*, um caminho por etapas, que exige um planejamento para garantir os seus diversos momentos e incluir todos os elementos da mensagem cristã, para chegar "à plenitude da vida cristã".[2]

A catequese acontece na paróquia, onde se realiza a evangelização nos seus diversos momentos; por isso, é preciso que se fale, em primeiro lugar, da organização da catequese na paróquia. Isso exige o conhecimento dos elementos que estão em jogo, a finalidade e os efeitos da catequese.

---

[1] CT, n. 18.

[2] O DNC, n. 319, retomando uma definição de CR, n. 318, fala da catequese como de "um processo de educação comunitária, permanente, progressiva, ordenada, orgânica e sistemática da fé".

Os efeitos esperados da catequese na vida do cristão

Dentro da Igreja há apenas uma vocação que brota do Batismo: o chamado à santidade. Mas há muitas maneiras de viver este chamado. Os catequistas o vivem no serviço da educação da fé de seus irmãos. "Ser catequista é ao mesmo tempo um *dom*, uma *promessa* e uma *exigência*. É um *dom* porque nos dá o prazer e a alegria de servir a Deus e ao povo de Deus pelo ministério do ensino. É uma *promessa* porque nosso ensino traz esperança à comunidade... É uma *exigência*, pois nosso trabalho nos alerta que ainda temos muito a fazer".[3]

A catequese tem esta missão especial, cujo desempenho pode se avaliado na medida em que leva a termo certos efeitos.

A catequese desenvolve a fé que nasce pelo querigma[4]

Depois do primeiro anúncio, a adesão a Jesus Cristo deve crescer até chegar à maturidade. Isso comporta um conhecimento mais aprofundado do querigma, para que possa ser colhida, em toda sua profundidade, a alegre oferta da salvação em Jesus Cristo. Daí a necessidade de um conhecimento maior da pessoa e da mensagem de Jesus Cristo, de uma vivência na comunidade dos discípulos.

A catequese desenvolve a compreensão do mistério de Cristo

É próprio da catequese desenvolver a compreensão do "mistério de Cristo" à luz da Palavra de Deus, para perscrutá-lo em todas as suas dimensões.[5] É importante acentuar

---

[3] DURKA, Glória. *A alegria de ser catequista*. São Paulo: Loyola, 2001. p. 52.

[4] BIANCO, Enzo. *Lettera ai catechisti che Giovanni Paolo II non sa di aver scritto*. Leuman-Torino: Ed. Elle Di Ci, 1984. pp. 7-8.

[5] Cf. CT, n. 5.

que, antes de qualquer doutrina e conhecimento, "ao centro da catequese nós encontramos essencialmente uma Pessoa: é a pessoa de Jesus de Nazaré", com quem o catequizando se põe em comunhão de vida, "pois somente ele pode levar ao amor do Pai no Espírito e fazer-nos participar na vida da Santíssima Trindade".[6] O catequista é como João Batista, que, vendo Jesus passar, o indica aos discípulos: "Eis o cordeiro de Deus"; e os discípulos – diz o Evangelho – deixaram o mestre João para seguir o Mestre Jesus. E não há maior prazer e alegria para o catequista que ver seus catequizandos seguirem Jesus, como discípulos "seduzidos" por ele.

A catequese desenvolve o ensino para a maturidade da fé cristã

No quadro da evangelização, a catequese é o segundo momento que constitui a fase do ensino para a maturidade da fé, justamente porque alarga os horizontes do conhecimento da Pessoa de Jesus, da sua mensagem e da Igreja, sacramento pelo qual Jesus continua agindo na história.

A preocupação constante de todo catequista deve ser a de fazer passar, através do seu ensino e do seu modo de comportar-se, a doutrina e a vida de Jesus Cristo. São Paulo é o exemplo do fiel servidor da Palavra, colocando-se a serviço da maturidade da fé: "Eu aprendi do Senhor isto: que por minha vez vos transmiti" (1Cor 11,23). O catequista não inventa nada, não transmite opiniões pessoais, mas o ensinamento de Jesus, suas promessas e suas exigências transmitidas e interpretadas pela Igreja.

A catequese prepara o batizado a ser discípulo e dar seu testemunho no mundo

Pela catequese a Igreja forma os seus próprios membros para torná-los aptos a dar razão e testemunho de sua fé no mundo (1Pd 3,15). "Assim o querigma evangélico – aquele primeiro anúncio cheio de ardor – será pouco a pouco apro-

---

[6] CT, n. 5.

fundado, desenvolvido, explicado".[7] É a dimensão missionária da catequese contida no envio de Jesus: "Ide, e fazei de todos os povos discípulos meus" (Mt 28,18). A validade de toda catequese se mede por este resultado, que é consequência da paixão por Jesus que a catequese conseguiu despertar no catequizando. Com efeito, a catequese é chamada a criar as condições para que o batizado dê uma resposta pessoal a Jesus que lhe oferece a salvação, tornando-se discípulo, até o ponto de afirmar com toda a segurança com São Paulo: "Não quero saber de outra coisa a não ser Jesus Cristo" (1Cr 2,2), pois: "Ele me amou e se entregou por mim" (Gl 2,20): conclusão esta a qual deve chegar todo discípulo e todo catequista apaixonado por Jesus Cristo.

Esta tarefa bela, grandiosa, árdua e delicada do catequista e da ação catequética como um todo nos faz lembrar que estamos, diariamente, construindo o futuro da Igreja e da humanidade.

Como organizar a catequese na paróquia

A pastoral paroquial destes últimos anos foi marcada por uma forte sensibilidade catequética. Ante os problemas trazidos pela crescente evasão dos catequizandos, pela escassa colaboração dos pais na educação religiosa dos filhos, pela fraca formação dos catequistas, tem-se refletido muito sobre a necessidade de reformular o modo de catequizar, de colocar a ação catequética no âmbito maior da pastoral de conjunto.

Com efeito, mais do que nunca se percebe a necessidade de que toda a comunidade paroquial sinta como sua a responsabilidade da formação dos próprios membros.

O recente "mapa religioso" do país, com a preocupação do êxodo dos católicos, trouxe um questionamento sobre nossa ação evangelizadora como um todo.

---

[7] CT, n. 25.

A nossa catequese continua ainda quase exclusivamente sacramental, sem passar pela conversão exigida pelo Batismo. A consequência mais grave é que ela não gera convicções firmes nos catequizandos, que, com uma fé inconsistente, ficam expostos a todo tipo de sedução. Assim se torna difícil permanecer firme naquilo que se aprendeu e se aceitou como certo, segundo a recomendação de São Paulo ao seu discípulo Timóteo (cf. 2Tm 3,14).

Um dos problemas detectados é a falta de preparação dos nossos catequistas. Mesmo as Dioceses desdobrando-se na organização de cursos e semanas de formação, a formação básica dos catequistas, que deve acontecer nas paróquias, é muito aquém das expectativas e dos desafios que a nova evangelização apresenta.

Dentro dessa problemática, outro elemento que deve merecer toda a atenção dos párocos é a formação do coordenador paroquial de catequese. A falta de formação, de uma visão de pastoral de conjunto, e a ausência do coordenador de catequese no conselho pastoral são questões urgentes que devem ser resolvidas com determinação.

Este trabalho quer contribuir para que a catequese volte a ser o coração da ação evangelizadora na pastoral paroquial. É preciso que o catequista saiba com clareza em que consiste a sua ação catequética, qual é o seu lugar no conjunto da ação pastoral. É essencial que tenha consciência de que a fé dos cristãos depende muito da sua ação evangelizadora. Que, enquanto educador da fé, o futuro da própria Igreja está, em grande parte, em suas mãos.

O relacionamento pároco-catequista

Os catequistas devem ser conhecidos e admitidos pessoalmente pelo pároco, primeiro responsável da catequese na paróquia.[8] Não é um bom método fazer um chamado geral no final de uma missa para recrutar catequistas! O convite deve ser feito pessoalmente, mesmo quando a indicação é feita pelos outros catequistas.

---

[8] CT, n. 65.

Claro que, diante da responsabilidade, o convite suscita perplexidade. Aliás, é bom desconfiar de quem não opõe resistência nenhuma e manifesta demasiada segurança. Ser catequista é uma tarefa que todo "bom" cristão, com um mínimo de capacidades, pode desempenhar, desde que seja preparado e disposto a crescer no conhecimento. É normal que se sinta temor diante de uma tarefa tão delicada; basta pensar, entre outros, em Jeremias (1,4-8). Mas não é todo cristão chamado a dar razão de sua fé (1Pd 3,15)? Ainda que seja assim, o pároco deve saber fazer uma "seleção" dos candidatos, pois nem todos os que "querem" ser catequistas são idôneos. Um "recrutamento" atento, entre outros requisitos, tem a vantagem de valorizar mais o trabalho do catequista, o engajamento é mais formal, facilita a definição das necessidades da formação e permite ainda realizar as necessárias avaliações.

Por todas estas razões, é importante que os catequistas possam contar com a presença do pároco, a inserção no grupo de catequistas e tenham a garantia de que receberão uma adequada formação.

Uma vez formado o grupo de catequistas, passa-se a organizar a formação básica a partir do Catecismo da Igreja Católica, instrumento indispensável de toda formação. Se for preciso, deve-se adiar o início da catequese na paróquia, caso os catequistas não tenham a formação básica requerida pelo ministério que vão exercer. Se é verdade que se aprende fazendo, é verdade também que um mínimo de conhecimento é indispensável para o ministério do catequista.

Que todos os catequistas sejam crismados, pois este sacramento é próprio do segundo momento da evangelização: a catequese. Mas deve-se evitar que jovens recém-crismados assumam turmas de catequese sozinhos. É fundamental que o catequista, sempre, tenha maturidade suficiente para poder desempenhar a tarefa de educador da fé. A este propósito, é bom lembrar que é um equívoco interpretar a expressão de Puebla (1166), "jovens evangelizando jovens", como jovens recém-crismados dando catequese a jovens. Sabemos que isso constitui um verdadeiro impasse para a catequese no Brasil. Para depois da Crisma, a paróquia deve abrir outras possibilidades mais adequadas aos adolescentes e jovens. As lacunas sobre o conhecimento da doutrina e da pedagogia são grandes e podem prejudicar a educação da fé.

Para a formação das turmas, sobretudo para a catequese da Primeira Comunhão e a crismal, evitar turmas grandes; o ideal seria de dez pessoas, para o catequista ter condições de acompanhar cada um dos catequizandos e afastar o clima de sala de aula, muito comum na catequese de nossas paróquias.

Nunca permitir que alguém dê catequese sem a devida preparação e a necessária vivência de fé dentro da comunidade, pois o que está em jogo é muito importante: a educação na fé!

O grupo dos catequistas

A catequese é um ministério da Igreja que o catequista está encarregado de exercer; os outros catequistas, o grupo de catequistas, são companheiros nesta tarefa: *companheiro* vem do latim *cum* e *panis* (pão), aqueles que *comem o pão juntos*, compartilham o pão, agem juntos, trabalham juntos.

A catequese pertence à Igreja e, no caso específico, à igreja particular (diocese). Os agentes da catequese (catequistas) põem-se a serviço deste ministério e agem em nome da Igreja. Mesmo que realizado de maneira diferente, o ministério da catequese é único, porque a transmissão da fé apoia-se na palavra e no testemunho de toda a comunidade eclesial.

O *Diretório Nacional de Catequese*, depois de ter afirmado que: "Um lugar fundamental de catequese é a comunidade paroquial", passa a falar abundantemente da equipe paroquial de catequese, a qual "envolverá membros da comunidade e catequistas das várias etapas da catequese", e apresenta as diversas tarefas que permitem seu funcionamento efetivo dentro da comunidade paroquial.[9]

Nenhum catequista age sozinho: todos participam da missão da Igreja, e dela e dentro dela é que recebem o

---

[9]   DNC, n. 323-325.

ministério.[10] Junto com o pároco eles formam o "grupo dos catequistas". Juntos dialogam, estudam os problemas e trocam experiências. O catequista iniciante precisa absolutamente destes encontros, enquanto os mais experientes oferecem sua ajuda e ao mesmo tempo se enriquecem, pois têm sempre algo para aprender, sobretudo, em tempos de mudanças como o nosso.

Nos encontros, possivelmente mensais, devem ser considerados pelos menos três pontos:[11]

a) Avaliação do trabalho desenvolvido, em que a troca de experiência é essencial sobre o trabalho com a própria turma de catequizandos, a relação com os pais, a relação com as outras pastorais afins, para garantir uma pastoral de conjunto mais eficaz.

b) Pedagogia e método de trabalho, indispensável, sobretudo, para quem começa a dar catequese, podendo ser orientado e iluminado sobre a preparação dos encontros, recebendo conselhos preciosos para a sua ação catequética.

c) Programação das atividades futuras para ter todo o tempo necessário para prepará-las e garantir seu sucesso; distribuição das diversas tarefas e, ao mesmo tempo, fortalecimento dos laços de amizade entre os catequistas, que são enraizados na fé e no trabalho comum.

Assim considerado, "O grupo é o lugar onde o catequista começa sua formação e a vive plenamente", e onde faz experiência comunitária de sua fé e de sua missão.[12]

A coordenação paroquial de catequese

Uma vez constituído o grupo de catequistas, torna-se necessário organizar uma coordenação paroquial para que

---

[10] O Estudo 59, *Formação de catequistas*, lembra que: "Assim foi a prática de Jesus: formou o grupo dos apóstolos e, quando deu uma missão aos discípulos, enviou-os dois a dois" (Lc 9,1-6; 10,1), n. 71.

[11] Cf. VOGLINO, Ferruccio. *Anche io, catechista!*, cit., pp. 5-6.

[12] CNBB. *Formação de catequistas*, n. 72-73. Cf. também CR, n. 151.

as coisas andem. Se a paróquia tiver mais comunidades, é preciso que tenha um coordenador em cada comunidade, que fará parte da equipe de coordenação paroquial de catequese.

A coordenação paroquial de catequese é um ministério que torna possível a caminhada da catequese, para que todos a façam na unidade, tanto da pastoral da paróquia quanto da Diocese. Coordenar é fazer com que todos caminhem na mesma direção, olhando o mesmo objetivo: a educação da fé dos irmãos da própria comunidade. Esta educação da fé, é sempre bom lembrar, é algo imprescindível para a Igreja. Educar na fé significa orientar, conduzir, formar para o encontro pessoal com Cristo, capacitando o catequizando a acolher a pessoa de Jesus e sua mensagem.

O coordenador de catequese fará parte do conselho pastoral da respectiva comunidade, e o coordenador paroquial será membro do conselho pastoral paroquial; por isso, seria bom que o coordenador paroquial, durante o seu ministério, não tivesse turma de catequese, sobretudo, se a paróquia tiver várias comunidades; sua total disponibilidade para a coordenação é importante.

O coordenador paroquial, junto com a equipe de coordenação, tem a tarefa de:

- *orientar, animar* e *coordenar*, em comunhão com o pároco, a catequese paroquial nos diversos níveis;
- *elaborar, junto com o pároco, o planejamento* paroquial da catequese, como programa único; estabelecer as diversas responsabilidades, o calendário das atividades e da formação permanente dos catequistas – tendo presente o planejamento da Diocese –, os dados de um processo periódico de avaliação tanto dos catequizandos quanto dos catequistas, e estudar estratégias próprias para a catequese;
- *integrar a catequese com as demais pastorais* e serviços da paróquia, e representar a paróquia nas outras instâncias diocesanas da catequese;
- *cuidar dos momentos de espiritualidade* dos catequistas, dos encontros de oração e do retiro anual;

- *propiciar um relacionamento fraterno entre os catequistas*; esta é uma das tarefas importantes da equipe, para que o grupo de catequistas experimente já entre si a dimensão eclesial de seu ministério. Diante disso, é fundamental fazer um fichário contendo as informações sobre cada catequista para estar presente nos momentos importantes de sua vida, como aniversário e outras datas;

- *ajudar os catequistas a manterem constante contato* com a família dos catequizandos;

- *cuidar da formação dos novos catequistas*, que necessitam de um acompanhamento específico;

- *resolver os conflitos* que possam surgir entre catequistas, com o pároco, com outras pastorais e com a família dos catequizandos, sempre no diálogo e na caridade fraterna.

Em decorrência disso, o coordenador deve assumir suas responsabilidades no seio da comunidade paroquial que lhe confiou este ministério.

A coordenação pastoral é um ministério importante dentro da comunidade paroquial e deve ser desempenhado com generosidade e alegre espírito de serviço, sem acomodação ou desânimo, e, mais ainda, sem estafa!

É possível desempenhar este serviço dentro da paróquia com prazer e felicidade? Pode o serviço da coordenação, mesmo com a responsabilidade que ele exige, trazer mais alegria do que sofrimento?

É preciso que o coordenador saiba com clareza o que vem a ser a catequese, o seu lugar imprescindível dentro da ação pastoral da Igreja e da paróquia, tenha consciência da delicada missão de educador da fé dos seus irmãos e de que este serviço é fonte de espiritualidade e de santificação. Só assim terá possibilidade de exercer com alegria o seu ministério!

Bibliografia

Documentos da Igreja

CONCÍLIO DE TRENTO – Sétima seção, cânon 1.

_____. *Catecismo Romano.*

CONCÍLIO VATICANO II. Decreto sobre o Ministério e a Vida dos Sacerdotes, *Presbyterorum Ordinis.*

_____. Constituição Dogmática sobre a Igreja, *Lumen Gentium.*

_____. Constituição Dogmática sobre a Revelação, *Sacrosanctum Concilium.*

_____. Decreto sobre a Educação, *Gravissimum Educationis.*

_____. Carta Apostólica *Evangelii Nuntiandi (O Evangelho hoje).*

BENTO XVI. Discurso aos Bispos na Catedral da Sé. *Palavras do Papa Bento XVI no Brasil.* São Paulo: Paulinas, 2007.

_____. Discurso inaugural da V Conferência Geral do Episcopado Latino-Americano e do Caribe. Aparecida, 2007. São Paulo/Brasília: Paulinas/Paulus/CNBB, 2007.

JOÃO PAULO II. Exortação apostólica *Catechesi Tradendae* (Catequese hoje).

_____. Carta Encíclica *Novo Millenio Ineunte* (Iniciando o novo milênio).

_____. Homilia proferida no dia 12 de setembro de 1980.

_____. *Discurso aos catequistas*, em 18 de fevereiro de 1982.

CELAM. *Manual de catequética.* São Paulo: Paulus, 2007.

CELAM. *Documento de Aparecida.* V Conferência Geral do Episcopado Latino-Americano e do Caribe. 2007.

_____. *A caminho de um novo paradigma para a catequese.* III Semana Latino-Americana de Catequese. Brasília: CNBB, 2008.

CNBB. *Diretório Nacional de Catequese.* Doc. 84.

_____. *Catequese renovada.* Orientações e conteúdo. Doc. 26.

_____. *Segunda Semana Brasileira de Catequese*; catequese com adultos. Estudos 84.

_____. *O itinerário da fé na "iniciação cristã de adultos".* Estudos 82.

_____. *Projeto Nacional de Evangelização (2004-2007):* "Queremos ver Jesus" – Caminho, Verdade e Vida. Doc. 72.

_____. *Catequese, caminho para o discipulado.* Ano Catequético Nacional, texto-base, 2009.

_____. *Formação de catequistas.* Doc. 59. 9. ed. São Paulo: Paulinas, 2006.

CNBB Sul 1. *Projeto de Ação Missionária Permanente – PAMP.* São Paulo, 2004.

CONGREGAÇÃO PARA O CLERO. *Diretório Geral para a Catequese.*

SAGRADA CONGREGAÇÃO PARA O CULTO DIVINO. *Ritual do matrimônio.* São Paulo: Paulus, 1997.

_____. *Ritual do batismo de criança.* São Paulo: Paulus, 1999.

Autores

VV.AA. *Dicionário de Catequética.* São Paulo: Paulus, 2004.

AMBRÓSIO de Milão. *Patrística 5.* São Paulo: Paulus, 1996.

BENI DOS SANTOS, Benedito. *Discípulos e missionários*; reflexões teológico-pastorais sobre a missão na cidade. São Paulo: Paulus, 2006.

BIANCO, Enzo. *Lettera ai catechisti che Giovanni Paolo II non sa di aver scritto.* Leuman-Torino: Ed. Elle Di Ci, 1984.

BLANC, Daniel. In: *Catéchèse*, n. 131-132, 2-3/1993, p. 131.

CASTANHO FONSECA, Adolfo Maria. *Discipulado e missão no Evangelho de Mateus.* São Paulo: Paulinas/Paulus, 2007. p. 126. (Coleção Quinta Conferência).

CIONCHI, Giuseppe. *Catechisti oggi.* Leumann-Torino: Ed. Elle Di Ci, 1999.

DAMU, Piero. *La spiritualità del catequista.* Leuman-Torino: Ed. Elle Di Ci, 1997.

DURKA, Glória. *A alegria de ser catequista.* São Paulo: Loyola, 2001.

FOSSION, André. Reconstruindo a catequese em tempos de crise. *Revista de Catequese,* ano 29, n. 115, jul./set. 2006.

GUTIÉRREZ MONTEIRO, Manuel. O ato catequético. *Dicionário de Catequética.* São Paulo: Paulus, 2004.

JACOB, C. R. et al. *Atlas da filiação religiosa.* São Paulo: Loyola, 2003.

JOÃO CRISÓSTOMO. *Omelie sulla passione del Signore.* PG 58, 729-794. *La tomba vuota*, 9. Tradução de Lucio Coco. Padova: Ed. Messaggero, 2006.

LABEYRIE, Jean-Berard. La vie spirituelle du catéchiste. *Catéchèse*, n. 131/132, 2-3/1993.

LE SAUX, Madeleine. *La catéchèse, un service, une passion.* Paris: Desclée de Brouwer, 1989.

LEVIGNE DE CADET, Robert. *Hino dos catequistas de Béarn*, 1991.

MINGUET MICÓ, José. *Espiritualidade do catequista.* São Paulo: Ave-Maria, 2000.

NERY, Israel José. Formação de catequistas: uma urgência no Brasil. *Revista de Catequese*, ano 31, n. 121, jan./mar.

PAGLIA, Vincenzo. *La Bibbia nella Chiesa.* San Paulo: Cinisello Balsamo, 2008.

RECALDE, Ricardo Lázaro; PEDROSA ARÉS, Vicente Maria. O catequista. *Dicionário de Catequética.* São Paulo: Paulus, 2004. p. 197.

SANTO AGOSTINHO. *Sermão 47*: sobre as ovelhas. CCL, n. 41, 572.

_____. *Enarrationes in psalmos* (Comentário aos Salmos). PL 85,1. São Paulo: Paulus, 1997. (Coleção Patrística, 9/2.)

_____. *Quaestiones.* 64,4; PL 40,56.

SÃO JERÔNIMO. *Comentário sobre Isaías*, PL 21,17.

SILVA RETAMALES, Santiago. *Discípulo de Jesus e discipulado segundo a obra de São Lucas.* São Paulo: Paulinas/Paulus, 2005. p. 17. (Coleção Quinta Conferência. Bíblia.)

VOGLINO, Ferruccio. *Anche io, catequista!* Leumann-Torino: Ed. Elle Di Ci, 2003. pp. 32-33.

Rua Dona Inácia Uchoa, 62
04110-020 – São Paulo – SP (Brasil)
Tel.: (11) 2125-3500
paulinas.com.br – editora@paulinas.com.br
Telemarketing e SAC: 0800-7010081